Qualitätsmanagement-Wörterbuch

Dimitrios Makridis

Qualitätsmanagement-Wörterbuch

Dictionary of Quality Management

Bibliografische Information der Deutschen Nationalbibliothek
Die Deutsche Nationalbibliothek verzeichnet diese Publikation
in der Deutschen Nationalbibliografie; detaillierte bibliografische
Daten sind im Internet über http://dnb.d-nb.de abrufbar.

© 2011 Dimitrios Makridis
Umschlagdesign, Satz, Herstellung und Verlag:
Books on Demand GmbH, Norderstedt
ISBN 978-3-8391-7567-5

Vorwort

Ein Qualitätsmanagement-Wörterbuch für alle die in der Qualitätssicherung und Qualitätsmanagement tätig sind.

Zweisprachige und normgerechte Übersetzung in Englisch-Deutsch und Deutsch-Englisch

Qualitätsmanagement darf man nicht als einen isolierten Begriff aus der Qualitätsabteilung bzw. aus der Fertigung betrachten.
Qualitätsmanagement unterstützt die Unternehmensführung, es dient dazu Prozesse zu optimieren und die Qualität der Produkte/Dienstleistungen ständig zu verbessern.
Es regelt die Abläufe und die Zuständigkeiten im Unternehmen und sorgt dafür, dass die Kunden- und Mitarbeiterzufriedenheit erfüllt wird.

Das QM-Wörterbuch ist Alphabetisch aufgebaut mit Bezug auf die Qualitätsnormen DIN EN ISO 9001:2008 und ISO/TS 16949:2009.

Zur besseren Übersichtlichkeit habe ich die betreffenden Begriffe der Normen fett gekennzeichnet.

Desweiteren wurden im vorliegenden Wörterbuch auch viele Begriffe aus der QS 9000 integriert.

Literatur: DIN EN ISO 9001:2008 und ISO/TS 16949: 2009

von Makridis Dimitrios, Juli 2010

Preface

A Quality Management dictionary for those that are active in Quality Assurance and Quality Management.

Bilingual translations conforming to the Quality Standards in English-German and German-English.

Quality Management should not be viewed as an isolated concept from the Quality Department or from Manufacturing.
Quality management supports the management. In addition, it constantly serves to optimize processes and to improve the quality of the products. It regulates the order of events, , the responsibility in the company, and ensures that the contentment of the customers and the employees are fulfilled.

The dictionary of Quality Management is alphabetically arranged/composed with reference to the Quality Standards DIN EN ISO 9001:2008 and ISO/TS 16949:2009.

For better clarity, the words/sentence referring to the Quality Standards DIN EN ISO 9001:2008 and ISO/TS 16949:2009 are marked in bold print.

Furthermore, many concepts from the QS 9000 are integrated in this dictionary.

Literature: DIN EN ISO 9001: 2008 and ISO/TS 16949: 2009

Makridis Dimitrios, July 2010

Qualitätswörterbuch

DEUTSCH – ENGLISCH

Fachbegriffe: Deutsch – Englisch

A

Abbau, Reduzierung, Abnahme =	reduction
Abfall =	waste, garbage
abgelehnt, aussortiert, abgewiesen, zurückgewiesen =	rejected
abgeschlossen, beendet, erledigt =	completed
abgestimmt, ausgeglichen, symmetrisch =	balanced
Ablauf, Ablaufplan, Arbeitsdurchlauf =	workflow
Abnahme, Rückgang, Verringerung =	decline
Abnahmeprüfung =	final inspection
Absatz, Disposition, Abfallbeseitigung, Verkauf =	disposal
Absatz, Abschnitt, Abteilung =	section
Absicht, Ziel, Zweck, Zielsetzung =	purpose
absoluter Fehler =	absolute error
Abstellmaßnahme =	containment action
abstimmen, anpassen, überarbeiten =	adapt
Abteilung =	department
Abweichungsantrag =	application for deviation
ähnlich, gleich =	similar
Ähnlichkeit =	similarity
Akkreditierung, Zulassung =	accreditation
Akkreditierungsforderungen =	requirements for accreditation
Akkreditierungsstelle =	accreditation body
aktuell, gegenwärtig, laufend =	current
akzeptieren, anerkennen, zustimmen =	accept
Allgemein =	general, generic
allgemein, gesamt =	overall
Allgemeine Anforderungen =	*General requirements*
Analyse und Verwendung von Daten =	*Analysis and use of data*
Analyse von Messsystemen (MSA) =	Measurement System Analysis (MSA)
Analyse, Untersuchung =	analysis
ändern =	change
ändern, korrigieren, überarbeiten =	to revise
Änderung, Berichtigung, Korrektur, Revision=	revision

Begriffe aus der ISO 9001:2008 und ISO/TS 16949:2009

anfordern, beanspruchen =	require
Anforderungen an Prüflaboratorien =	**Laboratory requirements**
Anforderungen, Vorgabe, Ansprüche =	requirements
angemessen, geeignet, passend =	proper, suitable
Anhang, Anlage =	appendix
Anleitung =	instruction, guidance
Annahme =	acceptance
Annahmekriterien =	**Acceptance criteria**
Annahmeprüfung =	acceptance inspection, acceptance test
Annahmeverfahren =	acceptance procedure
Annahmewahrscheinlichkeit =	acceptance probability, probability of acceptance
Annahmezahl =	acceptance number
annehmbare Qualitätsgrenzlage =	acceptable quality level (AQL)
annehmen, übernehmen, vorrausetzen, vermuten =	assume
Anpassung, Kompatibilität, Übereinstimmung =	matches
Anteil fehlerhafter Einheiten in einer Stichprobe=	sample fraction defective
Anteil fehlerhafter Teile =	fraction defective, percentage defective
Anteilsgrenze =	statistical coverage limit
Anweisung, Arbeitsanweisung, Einweisung =	instruction
Anwender, Bediener, Benutzer, User =	user
Anzahl der Fehler je Einheit =	defects per unit
APQP Produkt-Qualitäts-Voraussplanungs-Projekt =	APQP Advanced Product Quality Planning
Arbeit =	work
arbeiten, ausführen, durchführen, auftreten=	perform
Arbeitsanweisungen =	**Work instructions**
Arbeitsbereich, Bereich, Fachgebiet =	area
Arbeitsergebnis, Produktivität =	productivity
Arbeitsfehler, Fehler, Irrtum, Versehen, Verwechslung =	mistake

Begriffe aus der ISO 9001:2008 und ISO/TS 16949:2009

Arbeitsgenauigkeit =	operation accuracy
Arbeitsleistung, Ausgang (Daten) Ausgabe, Ergebnis =	output
Arbeitsleistung, Wirksamkeit, Effizienz =	efficiency
Arbeitsplatz, Arbeitsstelle =	workplace
Arbeitssicherheit zur Erreichung der Produktkonformität =	**Personnel safety to achieve conformity to product requirements**
Arbeitsumgebung =	**Work environment**
arithmetischer Mittelwert =	arithmetic mean
Artikel, Begriff, Einheit =	item
Artikel, Güter, Ware(n) =	goods
Attributprüfung =	inspection by attributes
Audit zur Einhaltung der Gesetze, Vorschriften und Richtlinien =	compliance audit
Auditbericht =	audit report
Auditierter =	auditee
Auditor =	auditor
Auditplan =	audit plan
Auditprogramm =	audit programme
Aufbewahrung von Aufzeichnungen =	**Records retention**
Aufgabe, Anwendung, Arbeit, Auftrag =	task
Aufgaben (bereich), Pflichten =	duties
aufgelistet, verzeichnet =	listed
Auflösung =	resolution
aufsummierte Häufigkeitssumme =	cumulative frequency
Auftrag, Bestellung =	order
Auftraggeber, Kunde =	client
Aufwand, Ausgaben =	expenditure
Aufwand, Komplexität, Schwierigkeit =	complexity
Aufzeichnung, Bericht, Unterlage, Protokoll =	record
Aufzeichnungen der Kalibrierung und Verifizierung =	**calibration/verification records**
Ausbildung am Arbeitsplatz =	**Training on the job**
Ausfall, Betriebsstörung, Defekt =	failure
Ausfallhäufigkeit =	failure frequency

Begriffe aus der ISO 9001:2008 und ISO/TS 16949:2009

Ausfallhäufigkeitsdichte =	failure density
Ausfallhäufigkeitssumme =	cumulative failure frequency
Ausfallhäufigkeitsverteilung =	failure frequency distribution
Ausfallkriterien =	failure criteria
Ausfallquote =	failure quota
Ausfallursache =	failure cause
ausführen, erledigen, durchführen =	carry out
ausgefüllt =	filled out
Ausprägung, Kategorie =	category, attribute, characteristic
Ausprägung, Merkmal, Kategorie =	characteristic
Ausprägung, qualitatives Merkmal =	attribute
Ausreißer =	outlier
Ausreißer Test =	Outliertest
Ausschuss =	rejects
Aussehensabhängige Produkte =	**Appearance items**
Auswertung =	working-up results
Auswirkungen von Korrekturmaßnahmen =	**Corrective action impact**

B

Bauteil, Baugruppe =	component, part
Beanspruchung =	stress
Beauftragter der obersten Leitung =	**Management representative**
Beauftragter für Kunden =	**Customer representative**
bedarfsorientiert (Fertigung) =	just in time (JIT)
bedingte Verteilung =	conditional probability distribution
Bedingungen =	terms
Befragung, Erfassung =	survey
Befundung reklamierter Produkte =	**Rejected product Test/Analysis**
begrenzen, beschneiden, einengen =	restrict
beheben, vermeiden, eliminieren =	eliminate
beherrschte Fertigung =	production in control
beherrschter Prozess =	process under control/process in control
Behördlich, Regulierungsbehörde =	regulatory
Bekanntgabe, Veröffentlichung, Herausgabe =	publication
Belegschaft, Personal, Arbeitskräfte =	workforce, staff

Begriffe aus der ISO 9001:2008 und ISO/TS 16949:2009

bemängeln, beurteilen, kritisieren =	criticise
Berater, Gutachter =	consultant
Beratung, Unternehmensberatung =	consultancy
Bereichsübergreifender Ansatz =	*Multidisciplinary approach*
bereitgestelltes Produkt vom Auftraggeber =	purchaser supplied product
Bereitstellung von Ressourcen =	*Provision of resources*
Bericht zur Freigabe des Aussehens (PPAP) =	appearance Approval Report (PPAP)
berichten, nennen =	refer
Berichterstattung, Dokument, Gutachten =	report
Beruf, Aufgabe, Betrieb, Geschäft =	business
beruflich, Berufs…, Experte, Profi, qualifiziert =	professional
Beschaffung =	*Purchasing*
Beschaffungsangaben =	*Purchasing information*
Beschaffungsprozess =	*Purchasing process*
Besondere Merkmale =	*Special Characteristics*
Besprechung =	meeting
Besprechungsprotokoll =	minutes of meeting
Bestand =	survivals
bestätigen, bekräftigen =	confirm
Bestätigung, Nachweis =	confirmation
Bestimmung von Wahrscheinlichkeitsgrenzen =	statistical tolerancing
Beteiligung, Kooperation, Zusammenarbeit =	co-operation
Betrachtungseinheit, Einheit =	item, unit
Betrieb, Fabrik, Werk =	plant
beurteilen, bewerten, festlegen, feststellen=	assess
Beurteilung von Messsystemen =	*Measurement systems analysis*
Beurteilung, Bewertung, Prüfung =	assessment
Bewertung der Anforderungen in Bezug auf das Produkt =	*Review of requirements related to the product*

Begriffe aus der ISO 9001:2008 und ISO/TS 16949:2009

Bewertung der Herstellbarkeit =	*Organization manufacturing feasibility*
Bewertung, Benchmarking, Vergleichsanalyse =	benchmark
Bewertung, Nachprüfung, Revision, Überprüfung=	review
Bezüge, Leistungen =	benefits
Bezugsgesamtheit, Standardgesamtheit=	standard population, standard totality
Bezugsnormal =	reference standard
Binominalverteilung =	binominal distribution
bürokratisch =	bureaucratic

C

Charge, Fertigungslos =	batch, lot, heat
Chargenstreuung =	batch variation
Chargenumfang =	batch, size
Checkliste =	checklist

D

Daten, Informationen =	data
Datenanalyse =	*Analysis of data*
Datenblatt, Spezifikation =	data sheet, technical Data
Defekt, das Auschussteil =	defective
Defekt, Fehler, Fehlstelle =	defect, error
definieren, bestimmen, festlegen =	define
Design, Entwicklung, Konstruktion =	design
Designprüfung =	design review
Diagramm, Bild, Tabelle =	chart
Diagramm, Darstellung =	diagram
Dienstleistung =	service
diskretes Merkmal =	discrete characteristic
Dokument, Unterlagen =	document
Dokumentation =	documentation
Dokumentationsanforderungen =	*Documentation requirements*
Dokumentationspflichten =	Obligations for documentation
dokumentiert, belegt =	documented

Begriffe aus der ISO 9001:2008 und ISO/TS 16949:2009

Doppelstichproben-Prüfung =	double sampling inspection
Durchführbarkeit, Machbarkeit =	feasibility
Durchmesser =	diameter
Durchschnitt, Mittelwert, arithmetisches Mittel =	mean
durchschnittlicher Gesamtprüfumfang =	average total inspection (ATI)
durchschnittlicher Stichprobenumfang =	average sample number (ASN)

E

echte Klassengrenzen =	true class limits
Effektivität, Wirksamkeit, Leistungsfähigkeit, Wirkungsgrad =	effectiveness
Effizienz von Prozessen =	*Process efficiency*
Eigeninitiative zeigen =	to be proactive
Eigenschaften =	properties
Eigentum des Kunden =	*Customer property*
Einfachstichprobe =	single sample
Einfachstichprobenprüfung =	single sampling inspection
einführen =	introduce
einführen, annehmen, anwenden, einsetzen=	adopt
Eingabe, Eingang, Vorgaben =	input
Eingaben für die Bewertung =	*Review input*
Eingaben für die Produktionsprozessentwicklung =	*Manufacturing process design input*
Eingaben für Produktentwicklung =	*Product design input*
Eingangsprüfung =	receiving inspection
eingeführt, bewiesen, festgestellt =	established
eingestellt, voreingestellt, vorgegeben =	preset
Eingriffsgrenze =	action limit
Einheit, Betrachtungseinheit =	unit
einheitlich, übereinstimmend =	consistent
Einsparungen, Rücklagen =	savings
Einstufung =	rating

Begriffe aus der ISO 9001:2008 und ISO/TS 16949:2009

Einverständnis =	accordance
einwandfrei, genau, ordnungsgerecht =	correct
einzeln =	single sample
Einzeln =	single
Empfehlungen, Hinweise, Quellenangabe =	references
Empfindlichkeit =	sensitivity
empirische Verteilungsfunktion =	empirical distribution function
Endprüfung =	final inspection, final check
engagiert, verpflichtet =	committed
enge Toleranz =	close limit
Entscheidung, Bescheid =	decision
entwerfen, erstellen, erzeugen =	create
Entwicklung =	**Design and development**
Entwicklung des Qualitätsmanagementsystems von Lieferanten =	**Supplier quality management system development**
Entwicklung, Aufbau =	development
Entwicklungsbewertung =	**Design and development review**
Entwicklungseingaben =	**Design and development inputs**
Entwicklungsergebnisse =	**Design and development outputs**
Entwicklungsplanung =	**Design and development planning**
Entwicklungsvalidierung =	**Design and development validation**
Entwicklungsverifizierung =	**Design and development verification**
Entwurf, Modell, Programm, Tabelle =	scheme
Ereignisfolgen =	runs
Erfahrung, Praxis =	experience
erfüllen, entsprechen, zufriedenstellen =	satisfy
Erfüllung gesetzlicher und behördlicher Vorschriften =	**Statutory and regulatory conformity**
Ergebnis, Befund, Folge, Messwert, Resultat =	result
Ergebnisse der Bewertung =	**Review output**
Ergebnisse der Produktionsprozessentwicklung =	**Manufacturing process design output**
Ermittlung der Anforderungen in Bezug auf das Produkt =	**Determination of requirements related to the product**

Begriffe aus der ISO 9001:2008 und ISO/TS 16949:2009

ersetzen, erneuern, austauschen =	replace
Erstmuster =	initial samples
Erstmusterprüfbericht =	initial sample report
Erstmustervorlageschein, Teilevorlage-bestätigung (PSW) =	Part Submission Warrant (PSW)
erwartete mittlere Lebensdauer =	expected average life
Erwartungswert =	expected value
Erzeugnisse =	manufactures
evaluieren, bewerten =	evaluate
Exponentialverteilung =	exponential distribution
externe Fehlerkosten =	external failure costs
Externe Laboratorien =	*External laboratory*
externes Qualitätsaudit =	external quality audit
extrapolieren =	extrapolate

F

Fach =	case
Fachhändler, Lagerhalter =	stockist
fähig, geeignet =	capable
Fähige und beherrschte Bedingungen =	capable and mastered conditions
Fähigkeit =	capability
Fähigkeiten der Produktentwicklung =	*Product design skills*
Fähigkeitskennwerte =	capability indices
Fähigkeitsnachweis =	capability studies
Faktor =	factor
faktorieller Versuch =	factorial experiment
Fehler Möglichkeits-und Einfluss Analyse (FMEA) =	Failure Mode & Effect Analysis (FMEA)
Fehlerart =	Type of error
Fehlerart 1, 2, 3 =	error of (first, second, third) kind
Fehlerbaum =	fault tree
Fehlerfolgekosten =	subsequent costs of nonconformities
Fehlergewichtung =	weighting nonconformities
fehlerhafte Einheit =	nonconforming entity
Fehlerklassifizierung =	classification of nonconformities

Begriffe aus der ISO 9001:2008 und ISO/TS 16949:2009

Fehlerkosten =	nonconformity cost, failure costs
Fehlerrate =	error rate
Fehlerverhütungskosten =	prevention costs
Fehlervermeidung =	**Error proofing**
Fehlervermeidung =	preventing faults
Fehlhandlung (menschlich) =	human error, mistake
Fehlprodukt =	nonconformity product
Fertigung =	production
Fertigungseinheit =	unit of product
Fertigungsgenauigkeit =	production accuracy
Fertigungslos =	production lot
Fertigungsmittel, Einrüstung =	tooling
Fertigungsprüfung =	manufacturing inspection
Fertigungsqualität =	quality of manufacture
Fertigungsspannweite =	process range
Fertigungsverfahren =	manufacturing method
Fertigungszeit =	production time
Festlegung statistischer Methoden =	**Identification of statistical tools**
Festlegung, Verordnung, Vorschrift, Beschaffung =	provision
Filialen, Fachgebiete, Zweige =	branches
Flussdiagramm =	work flow chart, diagram, process chart
Folgeausfall =	secondary failure
Forderungen zur Dokumentation =	documentation requirements
Formular, Fragebogen, Blitzumfrage =	questionnaire
Fraktil =	fractile
Fraktil einer Verteilung =	fractile of a probability distribution
Freigabe, Abgabe, Ausgabe, Veröffentlichen =	release
freigegeben, genehmigt, zugelassen =	approved
freigegebene Lieferanten =	approved suppliers
Freiheitsgrade =	degrees of freedom
Frühausfall =	early failure
Funktion =	function
Funktionsdauer bis zum Ausfall =	mean time to failure

Begriffe aus der ISO 9001:2008 und ISO/TS 16949:2009

G

Garantie, Gewährleistung =	warranty, guarantee
Gefahr (Personen) =	danger
Gefahr (Sachen) =	hazard
Gegenkontrolle =	countercheck
Geltungsbereich =	scope
gemeinsam, allgemein, üblich =	common
Genauigkeit =	accuracy
geometrischer Mittelwert =	geometric mean
gering, niedrig =	low
geringfügige Fehler, Nebenfehler =	minor faults
gesamt, Gesamtheit, vollständig =	whole
geschult, ausgebildet =	trained
gesetzlich =	statutory
gesondert, getrennt, separat =	separate
Gewichtung, Wichtung =	weighting
Gewichtungsfaktor =	weighting factor
Gleichbedeutend, gleichwertig =	equivalent
Grad, Level, Niveau =	level
Grafik =	Graphic
Grenzabweichung =	lower limiting deviation
Grenzrisiko =	limiting risk
Grenzschwellenwert =	threshold limit value
Grenzwert =	limiting value
Grenzwert, Begrenzung, Abgrenzung, Grenze =	limit
Grenzwertabstand =	tolerance limits distance
Größe, Maß =	size
Großkunden =	key accounts
größter Einzelwert =	maximum value
Grund, Ursache =	cause
Grundgesamtheit, Gesamtheit =	universe, population
Gültigkeit, Validität =	validity
Gutachter, Begutachter =	assessor

H

Handbuch in Papierform =	paper-based manual
Handbuch, Leitfaden =	manual, guide
Häufigkeit =	relative frequency
Häufigkeitsdichte =	frequency density
Häufigkeitssumme =	cumulative relative frequency
Häufigkeitsverteilung =	frequency distribution
häufigster Wert, Modalwert =	mode
Hauptausfall =	major failure
Hauptfehler =	major defect, major nonconformity
Hauptursache, Fehlerursachenanalyse =	root cause
Herstellbarkeitsanalyse, Machbarkeitsanalyse=	feasibility study
Histogramm =	frequency bar chart
Höchstquantil =	upper limiting quantile
Höchst-Unterschreitungsanteil =	upper limiting fall below-proportion
Höchstwert =	upper limiting value
hohe Qualität, hochwertig =	high grade
homogen =	homogenous
Hypothese, Hypothesen =	hypothesis, hypotheses

I

Identifizierung =	identification
Inbetriebnahme, Umsetzung =	implementing
Inbetriebnahme, Einführung, Start =	launch
Infrastruktur =	**Infrastructure**
Inhaltstoffe =	substances
Inhaltsverzeichnis =	table of contents
installiert, eingebaut =	installed
Instandhaltung =	maintenance
Instandhaltungsdauer =	active maintenance time
Instandsetzung =	corrective maintenance
integrierte Prüfeinrichtung =	integrated test facility
integriertes managementsystem (IMS) =	integrated management system
Interessenpartner =	stakeholder

Begriffe aus der ISO 9001:2008 und ISO/TS 16949:2009

intern, Betriebsintern =	internal
internationale Norm/Normung/ Standard =	international standard
Interne Auditpläne =	*Internal audit plans*
interne Fehlerkosten =	internal failure costs
Interne Kommunikation =	*Internal communication*
Interne Laboratorien =	*Internal laboratory*
interner Qualitätsbericht =	internal quality record
Internes Audit =	*Internal audit*
internes Qualitätsaudit =	internal quality audit
Intervall =	interval
Irrtumswahrscheinlichkeit =	probability of error
Istwert =	actual value
Istzeit =	real time

J

jährliche Qualitätssteigerung =	annual quality improvement
jährlicher Qualitätsbericht =	annual quality record
Justierung, Einstellung =	adjustment

K

Kalibrierung =	calibration
Kapitel, Abschnitt =	chapter
Kenntnis statistischer Grundbegriffe =	*Knowledge of basic statistical concepts*
Kennzahl, Zahl =	figure
Kennzeichen, Marke, Werksausweis =	badge
Kennzeichnung und Rückverfolgbarkeit =	*Identification and traceability*
Kennzeichnung, Identifizierung =	identification
Kernprozess =	core process
Kernprozessausgaben =	Key process outputs
Kernprozesseingaben =	Key process inputs
Kettenstichprobenanweisung =	chain sampling plan
Klasse =	class
Klassenbildung, Klassifizierung =	classification
Klassenbreite =	class range, class interval

Begriffe aus der ISO 9001:2008 und ISO/TS 16949:2009

Klassengrenze =	class limit
Klassenmitte =	mid value of class
Klassifizierung von Fehlern/ fehlerhaften Einheiten =	classification of defects/defectives
kleinster Einzel-Istwert =	minimum value
Kommunikation =	communication
Kommunikation mit den Kunden =	**Customer communication**
Kompetenz, Schulung und Bewusstsein =	**Competence, training and awareness**
kompiniertes Audit (QM und Umwelt) =	combined audit
Konfiguration =	configuration
Konformität =	conformity
Konformität eingehender Produkte =	Incoming product conformity to requirements
Konkurrenz, Mitbewerber =	competitor
kontinuierlicher Verbesserungsprozess (KVP) =	continuous improvement process
Kontolleur, Qualitätsprüfer =	inspector
Kontrolle, Prüfung =	control
kontrollieren, überwachen =	to supervise
kontrollieren, prüfen, überwachen, untersuchen =	examine
Korrekturmaßnahmen =	**Corrective action**
Korrelationskoeffizient =	coefficient of correlation
korrigiert, verbessert, berichtigt =	rectified
Krise =	crisis
kritischer Fehler =	critical defect, urgent fault
Kunde, Abnehmer, Auftraggeber, Käufer=	customer
Kundenbezogene Prozesse =	**Customer related processes**
Kundendienst =	after-sales service, service
Kundendienstvereinbarung mit dem Kunden =	**Service agreement with customer**
Kundeneigene Werkzeuge =	**Customer-owned production tooling**
Kundeneigentum =	customer owned
Kundeninformation =	**Customer information**
Kundenorientierung =	**Customer focus**

Begriffe aus der ISO 9001:2008 und ISO/TS 16949:2009

Kundenreklamationen =	customer compliants
Kundenzufriedenheit =	**Customer satisfaction**
Kurtosis (Steilheit einer Verteilung), Wölbung =	kurtosis
kurzfristig =	short term

L

Labor =	laboratory
Labor Akkreditierung =	lab accreditation
Laborprobe =	laboratory sample
Lager, Bestand =	stock
Lagerung =	storage
Lagerbestand, Bestand, Inventar, Inventur, Vorrat =	inventory
Lagerung und Lagerbestand =	**Storage and inventory**
langfristige Maßnahme =	long term action
Layout, Anordnung, Aufbau, Entwurf, Skizze =	Layout
Lebensdauer =	life cycle, durability
Leistung =	achievement
Leistung des Qualitätsmanagementsystems =	**Quality management system performance**
Leistung, Kapazität, Leistungsfähigkeit =	performance
leitender Auditor =	lead auditor
Leitung der Organisation =	top management
Lenkung der Produktion und der Dienstleistungserbringung =	**Control of production and service provision**
Lenkung fehlerhafter Produkte =	**Control of nonconforming product**
Lenkung von Änderungen =	**change control**
Lenkung von Aufzeichnungen =	**Control of records**
Lenkung von Dokumenten =	**Control of documents**
Lenkung von Entwicklungsänderungen =	**Control of design and development changes**
Lenkung von nachgearbeiteten Produkten =	**Control of reworked product**
Lenkung von Überwachungs- und Messmitteln =	**Control of monitoring and measuring equipment**

Begriffe aus der ISO 9001:2008 und ISO/TS 16949:2009

Lieferant =	supplier/vendor
Lieferantenaudits (second audit) =	supplier audits
Lieferantenbeurteilung (nach der Lieferung) =	vendor rating
Lieferantenbeurteilung (vor der Lieferung) =	vendor appraisal
Lieferantenbeurteilung =	vendor inspection
Lieferantenerklärung =	supplier's declaration
Lieferantenüberwachung =	*Supplier monitoring*
Lieferlos =	delivery lot
liefern =	deliver
Lieferqualität =	delivery quality
Lieferung =	delivery, consignment
Los =	lot
lösen (Aufgabe, Problem), beheben =	solve
Losumfang =	lot size
Lösungsvorschlag, Denkansatz =	approach

M

Management von Produktionswerkzeugen =	*Management of production tooling*
Management von Ressourcen =	*Resource management*
Management, Geschäftsleitung, Verwaltung =	management
Managementbewertung =	*Management review*
Mangel =	lack
Maschinenfähigkeit Cmk =	machine capability Cmk
Maß, Messgröße =	measure
maßgeschneidert =	tailor-made
Maßnahmenprotokoll =	minutes
Maßnormal, Normal =	measurement standard
Material, Werkstoff =	material
Maximum =	maximum
Median =	median
Median einer Stichprobe =	sample median
Mehrfachstichprobenprüfung =	multiple sampling
mehrstufige Probenahme =	multistage sampling

Begriffe aus der ISO 9001:2008 und ISO/TS 16949:2009

Merkmal =	characteristic
Merkmalswert =	characteristic value
Messabweichung =	error/deviation of measurement
Meßbericht =	Dimensional Layout
Messeinrichtung =	measuring system
Messergebnis =	result of measurement
Messgerät =	measuring instrument
Messgröße =	measurand
Messinstrument, Messuhr =	gauge/gage
Messobjekt =	measuring object
Messpunkt =	measuring point
Messung =	measurement
Messung, Analyse und Verbesserung =	*Measurement, analysis and improvement*
Messung, Messgerät =	measurement
Messunsicherheit =	uncertainty of measurement
Messwert =	measured value
Methode, Technik, Verfahren =	method
mindere Qualität, minderwertig =	low grade
Mindest Unterschreitungsanteil =	lower limiting fall below proportion
Mindestquantil =	low limiting quantile
minimieren =	minimise
Minimum, Mindestwert =	minimum
Missverständnis =	misconception
Mitarbeitermotivation und Übertragung von Befugnissen =	*Employee motivation and empowerment*
Mittelwert, Durchschnitt =	mean, average
Mittelwert, gleitender =	moving average
mittlere Betriebsdauer zwischen Ausfällen (MTBF) =	Mean Time Between Failures
mittlere Lebensdauer =	mean life, average life
modern, aktuell =	up-do date
modernisierung, Verbesserung =	upgrade
Montage, Zusammenbau =	assembling
Muster, Proben =	samples

Begriffe aus der ISO 9001:2008 und ISO/TS 16949:2009

N

Nacharbeit, umarbeiten =	rework
Nachbehandlung =	cure
Nachbemusterung =	resubmission
nachprüfbar, nachweisbar =	verifiable
nachprüfen, nochmals prüfen =	re-examine
Nachteile =	drawbacks
Nachweis =	objective evidence
Nachweis über die Konformität =	evidence of conformity
Nachweis, Beweis =	proof of
nachweisen, beweisen, prüfen, untersuchen =	prove
Nationale Normen/Normung =	national standard
nationales Normal =	national standard
Nebenfehler =	minor nonconformity/minor defect
Nennmaß =	basic size
Neubewertung =	revalidation
nicht anwendbar =	non-applicable
nichtbeherrschter Prozess =	process out of control
Nichtübereinstimmung, Fehler =	non conformance
Norm =	standard
normale Prüfung =	normal inspection
Normalverteilung =	normal distribution
normativer Verweis =	normative reference
Normkonformität =	conformance
Normung, Standardisierung, Vereinheitlichung =	standardisation
Notfallplan =	emergency plan
Notfallpläne =	*Contingency plans*
Nullfehlerprogramm =	zero defects program
Nullhypothese =	null hypothesis
Nummer, Zahl, Anzahl, =	number
Nutzungszeit =	time in use, processing time
Nutzwertanalyse =	benefit analysis

Begriffe aus der ISO 9001:2008 und ISO/TS 16949:2009

O

obere Entscheidungsgrenze =	upper control limit
obere Grenzabweichung =	upper limiting deviation
obere Messunsicherheit =	upper uncertainty of measurement
Oberste Leitung =	management with executive responsibility
Operationscharakteristik, Annahmekennlinie =	operating characteristic curve
Optimierung =	optimization
Organigramm, Organisationsschema =	organization chart
Organisation, Aufbau, Unternehmen =	organisation/organization
Orientierung, Mittelpunkt, Blickpunkt =	focus

P

Parameter =	parameter
Pareto Analyse =	Pareto analysis
Periodisch =	periodically
Personelle Ressourcen =	*Human resources*
Perzentile =	percentile
Pflichtenheft =	design specification
Plan, Entwurf, Konzept =	plan
planlos, zufällig =	haphazard
Planung =	*Planning*
Planung der Produktrealisierung =	*Planning of product realization*
Planung des Qualitätsmanagementsystems =	*Quality management system planning*
Poisonstreubreite =	poisson spread
Poissonverteilung =	poisson distribution
Politik, Grundsatz, Richtlinie, Strategie, Methode =	policy
Praxis, Einarbeitung, Methode=	practice
Präzision =	precision
Primärausfall =	primary failure
Probenahmeablauf =	sample procedure
Probenaufbereitung =	sample preparation
Probenteilung =	sample division
Problemlösungsmethoden =	*Problem solving*

Begriffe aus der ISO 9001:2008 und ISO/TS 16949:2009

26

Produkt, Artikel, Erzeugnis =	product
Produktaudit =	**Product audit**
Produkterhaltung =	**Preservation of product**
Produkthaftung, Produkthaftpflicht =	Product liability
Produktion und Dienstleistungserbringung =	**Production and service provision**
produktionsbezogene Qualitätsaufzeichnung =	product-related quality record
Produktionslenkungsplan =	**Control plan**
Produktionsplanung =	**Production scheduling**
Produktionsprozess- und Produktfreigabe =	**Product approval process**
Produktkategorie =	product category
Produktqualität =	product quality
Produktrealisierung =	**Product realization**
Produktspezifikation, Produkteigenschaft =	product specification
Prototypenprogramm =	**Prototype programme**
Prozess =	process
Prozess FMEA =	Process FMEA
Prozess Kontrollplan =	Process Control Plan
Prozessanalyse =	process analysis
Prozessaudit =	**Manufacturing process audit**
Prozessbeschreibung =	operating procedure (OP)
Prozessdiagramm, Flussdiagramm =	process chart
Prozesseigentümer =	process owner
Prozesselement =	process element
Prozessfähigkeit Cpk =	process capability Cpk
Prozesskontrolle, Prozesslenkung =	process control
Prozessorientierter Ansatz =	process approach
Prozessprüfung, Fertigungsüberwachung =	process inspection
Prozesstoleranz, Fertigungstoleranz =	process tolerance
Prüfanweisung =	inspection instruction
Prüfdaten =	test data
Prüfeinheit =	test unit
prüfen =	to inspect

Begriffe aus der ISO 9001:2008 und ISO/TS 16949:2009

Prüfen =	testing
prüfend, genaue Prüfung =	scrutinising
Prüfkosten =	appraisal costs
Prüflos =	inspection lot
Prüfmethode =	check method, testing method
Prüfmittel =	inspection equipment
Prüfmittelfähigkeit R & R Methode Wiederhol- und Vergleichspräzision =	Gage Repeatability & Reproducibility (Gage R&R)
Prüfmittelüberwachung =	control of measuring equipment
Prüfniveau =	inspection level
Prüfplan =	inspection plan
Prüfplatz =	inspection station
Prüfprobe =	test sample
Prüfprotokolle =	inspection records
Prüfspezifikation =	inspection specification
Prüfstatus =	inspection status
Prüfung abgebrochene =	curtailed inspection
Prüfung durch Lieferanten =	vendor inspection
Prüfung, Kontrolle =	check
Prüfungsdiagramm =	inspection diagram
Prüfungsgrad =	degree of inspection
Prüfverfahren =	test procedures
Punktediagramm, Streudiagramm =	scatter diagram

Q

QM-Ablaufelement =	quality management operation element
QM-Aufbauelement =	quality management structure element
QM-Daten =	quality management data
QM-Dokument =	quality management document
QM-Nachweisdokument =	quality assurance document
QM-Plan =	quality management plan
QM-Systemaudit =	*Quality management system audit*
QM-Vereinbarung =	quality management arrangement
quadratisch =	square
quadratischer Mittelwert =	root sum square
Quadratwurzel =	square root
Qualifikation =	qualification

Begriffe aus der ISO 9001:2008 und ISO/TS 16949:2009

Qualifikation Interner Auditoren =	*Internal auditor qualification*
qualifiziert =	qualified
Qualität =	Quality
qualitatives Merkmal =	qualitative characteristic
Qualitätsaudit =	quality audit
Qualitätsauditor =	quality auditor
Qualitätsberichte, Qualitätsaufzeichnungen =	quality records
qualitätsbezogener Verlust =	quality loss
Qualitätsdokument =	quality document
Qualitätsfähigkeit =	quality capability
Qualitätsfaktor =	factor of quality
Qualitätsförderung =	quality promotion
Qualitätsforderungen =	requirements for quality
Qualitätsfunktionsentwicklung (QFD) =	Quality Function Deployment (QFD)
Qualitätskennzahlen =	quality key figures/quality score/ quality indices
Qualitätskosten =	costs of quality
Qualitätsmanagementhandbuch =	*Quality manual*
Qualitätsmanagementsystem =	*Quality management system*
Qualitätsmerkmal =	quality characteristic
Qualitätsplanung =	quality planning
Qualitätspolitik =	*Quality Policy*
Qualitätsprüfung =	quality inspection
Qualitätsprüfungsstandards =	quality control standards
Qualitätsregelkarte =	quality control chart
Qualitätssicherung, Qualitätskontrolle =	Quality assurance
Qualitätssicherungsvereinbarung (QSV) =	Quality assurance agreement (QAA)
Qualitätssteigerung =	quality intensification
Qualitätsstruktur =	quality structure
Qualitätssystem =	quality system
Qualitätssystemelement =	quality system element
Qualitätstechnik =	quality engineering
Qualitätsüberwachung =	quality surveillance
Qualitätsverbesserungsteam =	quality improvement team
Qualitätswesen, Qualitätsabteilung =	quality department

Begriffe aus der ISO 9001:2008 und ISO/TS 16949:2009

Qualitätsziele =	**Quality objectives**
Qualitätszirkel =	quality circle
Quantil =	quantile
Quantil/Fraktil einer Verteilung =	quantile/fractile of a propability distribution
quantitatives Merkmal =	quantitative characteristic

R

Randbedingungen =	boundary condition
Rangfolge =	ranking
rechnergestützte Fertigung =	computer aided manufacturing (CAM)
rechnergestützte Fertigungsplanung =	computer aided planning (CAP)
rechnergestützte Qualität =	computer aided quality (CAQ)
rechnergestütztes Prüfen =	computer aided testing (CAT)
Rechnung, Quittung, Warenrechnung=	invoice
Redundanz =	redundancy
reduzieren, verringern, verkleinern, herabsetzen =	reduce
reduzierte Prüfung =	reduced inspection
Referenzdokument =	Referenzdokument
Referenzverfahren =	reference procedure
Regelkarte, Qualitätsregelkarte =	control chart/control card
Regeln der Technik =	technical rules
Registrierung, Anmeldung, Eintragung =	registration
reklamieren, beanstanden, beschweren =	complain
relative Häufigkeit =	relative frequency
Repräsentativprobe =	representative sample
Reproduzierbar =	reproducible
Requalifikationsprüfung =	**Layout inspection and functional testing**
Restrisiko =	final risk
Richtigkeit =	trueness
Richtlinie (n) =	guideline, directives
Richtlinien =	terms of reference
Richtwert =	standard value
Risiko =	risk

Begriffe aus der ISO 9001:2008 und ISO/TS 16949:2009

Risikoprioritätszahl (RPN) =	Risk Priority Number (RPN)
rückführbare Änderung =	restorable change
Rückmeldungen aus dem Kundendienst =	**Feedback on information from service**
Rückmeldung, Resonanz =	feedback
Rückruf, Rückholaktion =	recall
Rückverfolgbarkeit =	traceability
Rückweisewahrscheinlichkeit =	probability of rejection/probability of non acceptance
Rückweisung =	rejection
rückwirkend =	reactive

S

Sauberkeit der Betriebsstätten =	**cleanliness of premises**
Säulendiagramm =	bar chart/bar diagram
Schaden, Schädigung =	damage
Schätzung =	estimation
Scheitelwert, Maximalwert =	vertex
Schiefe =	skewness
schiefe Verteilung =	skew distribution
Schlüsselprozesse, Kernprozesse =	key processes
Schuld, Defekt, Fehler =	fault
Schuld, verschulden =	blame
Schulung =	**Training**
Schulungsbedarf ermitteln =	identify training needs
Schulungsunterlage, Untrerweisungsunterlage =	training document
Schwäche, Schwachstelle =	weakness
Schwachstellenanalyse =	weak point analysis
Schwellenwert =	threshold value
selbständig, unabhängig =	independent
Selbstbewertung, Selbsteinstufung =	self assessment
Selbstkontrolle, Kontrolle, Überwachung =	monitoring
Selbstverpflichtung der Leitung =	**Management commitment**
Sicherheit =	safety
Sicherheit, Versicherung, Versprechen =	assurance

Begriffe aus der ISO 9001:2008 und ISO/TS 16949:2009

Sicherheitsbeauftragter =	safety manager
sicherstellen, versichern =	ensure
Sichtprüfung =	visual inspection, visual check
Signifikanz, Wichtigkeit =	significance
Signifikanzniveau =	significance level
Signifikanztest =	significance test
Skip-lot Stichprobenplan/ Stichprobenanweisung (Beispiel: alle dritte Lose werden überprüft) =	skip-lot sampling plan
Skip-lot Stichprobenprüfung =	skip-lot sampling inspection
sofort, unverzüglich =	immediately
Sofortmaßnahme =	immediate action
Soll-Istvergleich =	target-performance comparison
Sollwert =	desired value
Sollwert, Nennwert =	nominal value
Sonderfreigabe =	waiver
Sonderfreigaben des Kunden =	*Customer waiver*
Sortieren, Selektion =	screening
Sortierprüfung =	screening inspection/check
Spannweite =	range
Spannweitenkarte =	range chart/card
speziell =	especially
spezieller Prozess =	special process
Spezifikation =	specification
spezifizieren, beschreiben, festlegen =	to specify
Sprungausfall =	sudden failure
sprunghaft auftretender Vollausfall =	sudden total failure
Stabiler Prozess =	Stable Process
Standardabweichung =	standard deviation
Standardfehler =	standard error
Ständige Verbesserung =	*Continual improvement*
Ständige Verbesserung der Organisation =	*Continual improvement of the organization*
Stärken, Kräfte =	strengths
Statistik, Kenngröße =	statistic
Statistische Methoden/Verfahren/ Techniken =	statistical techniques

Begriffe aus der ISO 9001:2008 und ISO/TS 16949:2009

Statistische Prozess Kontrolle =	statistical process control
statistische Qualitätslenkung =	statistical quality control
statistische Qualitätsprüfung =	statistical quality inspection
statistische Versuchsplanung =	design of experiments
statistischer Test =	statistical test
Stellenbeschreibungen =	job descriptions
Stichprobeentnahme für die Annahmeprüfung =	acceptance sampling
Stichprobenanweisung =	single sampling plan/sampling instruction
Stichprobenanweisung, Stcihprobenprüfplan =	sampling plan
Stichprobeneinheit =	sample unit
Stichprobenfehler =	sampling error
Stichprobenintervall =	sampling interval
Stichprobenkenngröße =	sample statistics
Stichprobenkenngrößenverteilung =	sampling distribution
Stichprobenprüfung =	sampling
Stichprobensystem =	sampling system
Stichprobenumfang =	sample size
Stichprobenvarianz =	sample variability, spot check variability
stochastischer prozess =	stochastic process
Störung =	deficiency
Strategie, Planung =	strategy
Streugrenzen =	limits of variation
Streuung, Abweichung =	deviation, variation
Struktur, Aufbau, Gefüge, Gliederung =	structure
Stückliste =	bill of materials (BOM)
Summenkurve =	cumulative frequency curve
Summenlinie =	cumulative frequency polygon
Summenverteilung =	cumulative distribution
Supervisor, Dienstvorgesetzte(r) =	supervisor
System, Methode, Anlage, Verfahren =	system
systematische Messabweichung =	systematic error of measurement
systematische Probe(nahme) =	systematic sample
systematische Streuung, Abweichung von Stichproben =	systematic deviation

Begriffe aus der ISO 9001:2008 und ISO/TS 16949:2009

T

Tabelle, tabellarische Aufstellung =	table
tägliche Prüfung =	daily check
Technik (als Verfahren) =	technique
technisch =	technically
technische Funktion =	technical function
Technische Vorgaben =	**Engineering specifications**
Technisches Datenblatt =	technical data
technologischer Prozess =	technological process
technologisches Verfahren =	technological method
Teilausfall =	partial failure
Teilgesamtheit =	sub-population
teilnehmen, mitwirken =	participate
Teilnehmer =	participants
temporäre Ausfallhäufigkeit =	temporary failure frequency
temporäre Ausfallwahrscheinlichkeit =	conditional probability of failure
Test, Erprobung =	test
Thema, Problem =	issue
Thema, Fachgebiet =	subject
Toleranz =	tolerance
Toleranzbereich =	tolerance range/zone
Toleranzgrenze =	tolerance limit/limit of tolerance
totale mittlere Ausfallzeit =	total mean downtime
transformierte Zufallsgröße =	transformed variate
Trend =	trend
typischer Produktlebenslauf =	typical life cycle phases of a product

U

Übereinstimmung, Konformität =	conformity
Überwachung =	**Monitoring**
Überwachung der Lieferanten Qualitätssicherung =	quality assurance surveillance
Überwachung und Messung =	**Monitoring and measurement**
Überwachung und Messung des Produktes =	**Monitoring and measurement of product**
Überwachung und Messung von Produktionsprozessen =	**Monitoring and measurement of manufacturing processes**

Begriffe aus der ISO 9001:2008 und ISO/TS 16949:2009

Überwachung und Messung von Prozessen =	*Monitoring and measurement of processes*
Überwachung, Kontrolle, Aufsicht =	surveillance
umfassende Prozessverbesserung =	total process improvement (TPI)
umfassende Qualitätskontrolle =	total quality control (TQC)
umfassendes Instandhaltungssystem =	total productive maintenance (TPM)
umfassendes Qualitätsmanagement =	total quality management (TQM)
Umgebungsbedingungen =	environmental condition
Umweltpolitik =	environmental policy
Unabhängigkeit =	indepedence
ungeplannt =	unplanned
unkorrigiert, unberichtigt =	uncorrected
Unterauftraggeber =	sub-purchaser
untere Entscheidungsgrenze =	lower control limit
untere Messunsicherheit =	lower uncertainty of measurement
Untereinheit =	sub-unit
Untergruppe =	sub-group
Unterlieferant =	sub-supplier/sub-contractor
Unternehmen =	company
unüberprüfbar, unkontrollierbar	uncheckable
Ursachen Wirkungs-Diagramm =	cause and effect diagram
Ursprung, Nullpunkt =	origin

V

Validierung der Prozesse zur Produktion und zur Dienstleistungserbringung =	*Validation of processes for production and service provision*
Validierung, Bewertung =	validation
Variabilität =	variability
Variable =	variable
Variablenprüfung =	inspection by variables
Varianz =	variance
Varianzanalyse =	analysis of variance
Variationskoeffizient =	coefficient of variation
veraltet, überholt =	out-of-date
Verantwortung der Leitung =	*Management responsibility*
Verantwortung für Qualität =	*Responsibility for quality*

Begriffe aus der ISO 9001:2008 und ISO/TS 16949:2009

Verantwortung und Befugnis =	**Responsibility and authority**
Verantwortung, Befugnis und Kommunikation =	**Responsibility, authority and communication**
Verantwortung, Haftung, Pflicht, Zuständigkeit =	responsibility
verbessern =	improve
Verbesserung =	**Improvement**
Verbesserung des Produktionsprozesses =	**Manufacturing process improvement**
Verbesserung, Vervollkommnung =	refinement
vereinbart, abgemacht =	agreed
Vereinbarung =	agreement
Verfahrensanweisung =	procedure
Vergleichbarkeit =	reproducibility
verhindern, ausweichen, vermeiden =	avoid
verifizieren, nachprüfen, überprüfen =	to verify
Verifizierung von beschafften Produkten =	**Verification of purchased product**
Verifizierung von Einrichtvorgängen =	**Verification of job set-ups**
Verifizierung, Nachweis =	verification
Vermeidung, Vorbeugung, Schutz =	prevention
Verpackung, Paket =	package
verschärfte Prüfung =	tightened inspection
verschieden, unterschiedlich =	different
Verschleißausfall =	wear-out failure
Verschrottung, Ausschuss =	scrap
Versicherung, Zusicherung, Haftpflichtversicherung =	insurance
Version, Variante, Typ, Bauart =	version
Versprechen, Zusage, Zusicherung =	promise
Versuchsplanung =	design of experiments
Verteilung =	distribution
Verteilungskurve =	distribution curve
Vertrag =	contract
Vertragsprüfung =	contract review
Vertrauensbereich =	confidence interval
Vertrauensgrenze =	confidence limit

Begriffe aus der ISO 9001:2008 und ISO/TS 16949:2009

Vertrauensniveau =	confidence coefficient
Vertraulichkeit =	**confidentiality**
Vertrieb, Absatz, Marketing, Vermarktung=	marketing
Verwerfen =	final rejection
verzerrter Test, Probe =	biassed test/sample
Verzerrung =	bias
Vollprüfung, 100% Prüfung =	Total 100% inspection
vollständige Qualitätsprüfung =	total inspection
Vom Kunden festgelegte besondere Merkmale =	**Customer designated special characteristics**
Vom Kunden freigegebene Bezugsquellen =	**Customer-approved sources**
Vorbegutachtung =	pre-assessment
Vorbereitungsphase =	preparation phase
vorbeugen, ausschließen =	preclude
vorbeugende Prüfung =	preventive inspection
Vorbeugende und vorrausschauende Instandhaltung =	**Preventive and predictive maintenance**
Vorbeugungsmaßnahmen =	**Preventive action**
vorgegebener Merkmalswert =	specified characteristic value
Vorlagestufe =	Submission Level
Vorläufige Prozessfähigkeit Ppk =	preliminary process capability Ppk
Vorschrift =	regulation
Vorteil, Pluspunkt, Nutzen =	advantage

W

wahrer Wert =	true value
wahrscheinliche Lebensdauer =	probable duration of life
Wahrscheinlichkeit =	probability
Wahrscheinlichkeitsdichte =	probability density function
Wahrscheinlichkeitsfunktion =	probability for a discrete random variable
Wahrscheinlichkeitsgrenze =	probability limit
Wahrscheinlichkeitsgrenzen für einen Verteilungsanteil =	statistical tolerance limits
Wahrscheinlichkeitsnetz =	probability plot

Begriffe aus der ISO 9001:2008 und ISO/TS 16949:2009

Wahrscheinlichkeitsverteilung =	probability distribution
Wareneingang =	goods inward
Warngrenze =	warning limit
Wartungszeit =	maintenance time
Wechselbeziehung, Wechselwirkung, wechselseitige Beziehung =	interrelation/interaction
Werks-, Anlagen- und Einrichtungsplanung =	*Plant, facility and equipment planning*
Wert, Größe =	value
Wertanalyse (WA) =	value analysis
Wiederholbarkeit =	repeatability
Wiederholgenauigkeit =	repeatability
Wiederholung =	replication
Wiederholungsprüfung =	repeated inspection
wiederkehrende Prüfung =	recurrent inspection

Z

Zahl, Zählung, Zählerstand =	count
Zeichen =	sign
Zeichnung =	drawing
Zeichnung, Skizze, Entwurfszeichnung =	sketch
zentrierte Zufallsgröße =	centred variate
Zertifikat =	certificate of conformity
Zertifizierung =	certification
Zertifizierungsforderungen =	requirements for certification
Zertifizierungsstelle =	certification body
Ziel, Endwert =	target
Ziel, Zweck, Absicht =	aim
Ziele, Zielsetzungen =	objectives
Zielgröße, abhängige Variable =	dependent variable
zufällig =	random
zufällige Messabweichung =	random error of measurement
zufällige Zuordnung =	randomisation
Zufallsausfall =	random failure
Zufallsgröße, Zufallsvariable =	variate
Zufallsprobe, Zufallsstichprobe =	random sample
Zufallsprobenahme =	random sampling

Begriffe aus der ISO 9001:2008 und ISO/TS 16949:2009

Zufallsprozess =	random process
Zufallsstreubereich =	random dispersion interval
Zufallsstreuung =	chance variation
Zufallsursache =	chance cause
Zufallsursachen =	chance causes
Zufallsvariable =	random variable
zurückgezogen, abgehoben =	withdrawn
zurückweisende Qualitätsgrenzlage =	lot tolerance per cent defective (LTPD)
zurückweisendes Qualitätsniveau =	rejectable quality level
Zusammenfassung =	summary
Zuverlässigkeit =	dependability
Zuverlässigkeit, Sicherheit =	reliability
Zweck und Geltungsbereich =	purpose and scope
Zwischenprüfung =	in-process inspection

Begriffe aus der ISO 9001:2008 und ISO/TS 16949:2009

Qualitätswörterbuch

ENGLISCH – DEUTSCH

Fachbegriffe: Englisch – Deutsch

A

absolute error =	absoluter Fehler
accept =	akzeptieren, anerkennen, zustimmen
acceptable quality level (AQL) =	annehmbare Qualitätsgrenzlage
acceptance =	Annahme
Acceptance criteria =	*Annahmekriterien*
acceptance inspection =	Annahmeprüfung
acceptance number =	Annahmezahl
acceptance probability =	Annahmewahrscheinlichkeit
acceptance procedure =	Annahmeverfahren
acceptance sampling =	Stichprobeentnahme für die Annahmeprüfung
acceptance test =	Annahmeprüfung
accordance =	Einverständnis, Übereinstimmung, Zustimmung
accreditation =	Akkreditierung, Zulassung
accreditation body =	Akkreditierungsstelle
accuracy =	Genauigkeit
achievement =	Leistung, Erfolg, Ergebnis, Erreichen
action limit =	Eingriffsgrenze
active maintenance time =	Instandhaltungsdauer
actual value =	Istwert
adapt =	abstimmen, anpassen, überarbeiten
adjustment =	Justierung, Einstellung
adopt =	einführen, annehmen, anwenden, einsetzen
advantage =	Vorteil, Pluspunkt, Nutzen
after-sales service =	Kundendienst
agreed =	vereinbart, abgemacht, einig, einverstanden
agreement =	Vereinbarung
aim =	Ziel, Zweck, Absicht
analysis =	Analyse, Untersuchung
Analysis and use of data =	*Analyse und Verwendung von Daten*
Analysis of data =	*Datenanalyse*
analysis of variance =	Varianzanalyse
annual quality improvement =	Jährliche Qualitätssteigerung

Begriffe aus der ISO 9001:2008 und ISO/TS 16949:2009

appearance Approval Report =	Bericht zur Freigabe des Aussehens
Appearance items =	**Aussehensabhängige Produkte**
appendix =	Anhang, Anlage, Ergänzung, Nachtrag, Zusatz
application =	Anwendung, Anfrage, Antrag, Bewerbung
application for deviation =	Abweichungsantrag
applying =	anwenden, verwenden
appraisal costs =	Prüfkosten
approach =	Lösungsvorschlag, Denkansatz
approved =	freigegeben, genehmigt, zugelassen
approved suppliers =	freigegebene Lieferanten
APQP Advanced Product Quality Planning =	APQP Produkt-Qualitäts-Voraussplanungs-Projekt
area =	Arbeitsbereich, Bereich, Fachgebiet
arithmetic mean =	arithmetischer Mittelwert
assembling =	Aufbau, Montage, Zusammenbau
assess =	beurteilen, bewerten, festlegen, feststellen
assessment =	Beurteilung, Bewertung, Prüfung
assessor =	Begutachter, Gutachter
assume =	annehmen, übernehmen, vorrausetzen, vermuten
assurance =	Sicherheit, Versicherung, Versprechen
attribute =	Ausprägung, qualitatives Merkmal
audit plan =	Auditplan
audit programme =	Auditprogramm
audit report =	Auditbericht
auditee =	Auditierter
auditor =	Auditor, Abschlussprüfer, Prüfer
average =	Mittelwert, Durchschnitt
average sample number (ASN) =	durchschnittlicher Stichprobenumfang
average total inspection (ATI) =	durchschnittlicher Gesamtprüfumfang
avoid =	verhindern, ausweichen, vermeiden

Begriffe aus der ISO 9001:2008 und ISO/TS 16949:2009

B

badge =	Kennzeichen, Marke, Werksausweis
balanced =	abgestimmt, ausgeglichen, symmetrisch
bar chart/bar diagram =	Säulendiagramm
basic size =	Nennmaß
batch =	Charge, Fertigungslos
batch variation =	Chargenstreuung
below =	unten, unterhalb
benchmark =	Bewertung, Benchmarking, Vergleichsanalyse
benefit analysis =	Nutzwertanalyse
benefits =	Bezüge, Leistungen, Sozialleistungen, Zuschüsse
bias =	Verzerrung
biassed test/sample =	verzerrter Test, Probe
bill of materials (BOM) =	Stückliste
binominal distribution =	Binominalverteilung
blame =	Schuld, verschulden
bore =	Durchmesser (Rohre), Bohrung
boundary condition =	Randbedingungen
box =	Behälter, Box, Container, Kiste, Gehäuse, Gitterbox
branches =	Filialen, Fachgebiete, Zweige
bureaucratic =	bürokratisch
business =	Beruf, Aufgabe, Betrieb, Geschäft

C

calibration =	Kalibrierung
calibration/verification records =	*Aufzeichnungen der Kalibrierung und Verifizierung*
capability =	Fähigkeit
capability indices =	Fähigkeitskennwerte
capability studies =	Fähigkeitsnachweis
capable =	fähig, geeignet
capable and mastered conditions =	Fähige und beherrschte Bedingungen
carry out =	ausführen, erledigen, durchführen

Begriffe aus der ISO 9001:2008 und ISO/TS 16949:2009

case =	Behälter, Angelegenheit, Gehäuse, Kiste, Klage
category, attribute, characteristic =	Ausprägung, Kategorie
cause =	Grund, Ursache
cause and effect diagram =	Ursachen Wirkungs-Diagramm
centred variate =	zentrierte Zufallsgröße
certificate of conformity =	Zertifikat
certification =	Zertifizierung
certification body =	Zertifizierungsstelle
chain sampling plan =	Kettenstichprobenanweisung
chance cause =	Zufallsursache
chance causes =	Zufallsursachen
chance variation =	Zufallstreuung
change =	Änderung
change control =	*Lenkung von Änderungen*
chapter =	Abschnitt, Kapitel, der Teil
characteristic =	Ausprägung, Merkmal, Kategorie
characteristic value =	Merkmalswert
chart =	Diagramm, Bild, Tabelle
check =	Prüfung, Kontrolle, Nachprüfung, Test, Überprüfung
check method =	Prüfmethode
checklist =	Checkliste, Prüfliste, Überprüfungsliste
class =	Klasse
class limit =	Klassengrenze
class range =	Klassenbreite
classification =	Klassenbildung, Klassifizierung
classification of defects/defectives =	Klassifizierung von Fehlern/ fehlerhaften Einheiten
classification of nonconformities =	Fehlerklassifizierung
cleanliness of premises =	*Sauberkeit der Betriebsstätten*
client =	Auftraggeber, Kunde
close limit =	enge Toleranz
coefficient of correlation =	Korrelationskoeffizient
combined audit =	kompiniertes Audit (QM und Umwelt)
committed =	engagiert, verpflichtet
common =	gemeinsame Leitung, allgemein

Begriffe aus der ISO 9001:2008 und ISO/TS 16949:2009

communication =	Kommunikation
company =	Betrieb, Firma, Gesselschaft, Unternehmen
Competence, training and awareness =	**Kompetenz, Schulung und Bewusstsein**
competitor =	Konkurrenz, Mitbewerber
complain =	reklamieren, beanstanden, beschweren
completed =	abgeschlossen, beendet, erledigt
complexity =	Aufwand, Komplexität, Schwierigkeit
compliance audit =	Audit zur Einhaltung der Gesetze, Vorschriften und Richtlinien
component =	Bauteil, Baugruppe, Einzelteil, Pressteil, Teil
computer aided manufacturing (CAM) =	rechnergestützte Fertigung
computer aided planning (CAP) =	rechnergestützte Fertigungsplanung
computer aided quality (CAQ) =	rechnergestützte Qualität
computer aided testing (CAT) =	rechnergestütztes Prüfen
conditional probability distribution =	bedingte Verteilung
conditional probability of failure =	temporäre Ausfallwahrscheinlichkeit
confidence coefficient =	Vertrauensniveau
confidence interval =	Vertrauensbereich
confidence limit =	Vertrauensgrenze
confidentiality =	**Vertraulichkeit**
configuration =	Konfiguration
confirm =	bestätigen, bekräftigen
confirmation =	Bestätigung, Nachweis
conformance =	Normkonformität, Erfüllung, Übereinstimmung
conformity =	Übereinstimmung, Konformität
conformity =	Übereinstimmung, Konformität
considering =	berücksichtigend, entsprechend, in Anbetracht, unter Beachtung
consistent =	einheitlich, übereinstimmend
consultancy =	Beratung, Unternehmensberatung
consultant =	Berater, Gutachter
containment =	Nacharbeit
containment action =	Abstellmaßnahme

Begriffe aus der ISO 9001:2008 und ISO/TS 16949:2009

Contingency plans =	*Notfallpläne*
Continual improvement =	*Ständige Verbesserung*
Continual improvement of the organization =	*Ständige Verbesserung der Organisation*
continuous improvement process =	kontinuierlicher Verbesserungsprozess (KVP)
contract =	Vertrag
contract review =	Vertragsprüfung
control =	Kontrolle, Prüfung, Beherrschung
control chart/control card =	Regelkarte, Qualitätsregelkarte
Control of design and development changes =	*Lenkung von Entwicklungsänderungen*
Control of documents =	*Lenkung von Dokumenten*
control of measuring equipment=	Prüfmittelüberwachung
Control of monitoring and measuring equipment =	*Lenkung von Überwachungs- und Messmitteln*
Control of nonconforming product =	*Lenkung fehlerhafter Produkte*
Control of production and service provision =	*Lenkung der Produktion und der Dienstleistungserbringung*
Control of records =	*Lenkung von Aufzeichnungen*
Control of reworked product =	*Lenkung von nachgearbeiteten Produkten*
Control plan =	*Produktionslenkungsplan*
co-operation =	Beteiligung, Kooperation, Zusammenarbeit
core process =	Kernprozess
correct =	einwandfrei, genau, ordnungsgerecht
Corrective action =	*Korrekturmaßnahmen*
Corrective action impact =	*Auswirkungen von Korrekturmaßnahmen*
corrective maintenance =	Instandsetzung
costs of quality =	Qualitätskosten
count =	Zählung
countercheck =	Gegenkontrolle
create =	entwerfen, erstellen, erzeugen
creep =	Zeitdehnung, warmfest, fließen, kaltfließen

Begriffe aus der ISO 9001:2008 und ISO/TS 16949:2009

crisis =	Krise
critical defect =	kritischer Fehler
criticise =	bemängeln, beurteilen, kritisieren
cumulative distribution =	Summenverteilung
cumulative failure frequency =	Ausfallhäufigkeitssumme
cumulative frequency =	aufsummierte Häufigkeitssumme
cumulative frequency curve =	Summenkurve
cumulative frequency polygon =	Summenlinie
cumulative relative frequency =	Häufigkeitssumme
cure =	Nachbehandlung
current =	aktuell, gegenwärtig, laufend
curtailed inspection =	Prüfung abgebrochene
customer =	Kunde, Abnehmer, Auftraggeber, Käufer
Customer communication =	*Kommunikation mit den Kunden*
customer compliants =	Kundenreklamationen
Customer designated special characteristics =	*Vom Kunden festgelegte besondere Merkmale*
Customer focus =	*Kundenorientierung*
Customer information =	*Kundeninformation*
customer owned =	Kundeneigentum
Customer property =	*Eigentum des Kunden*
Customer related processes =	*Kundenbezogene Prozesse*
Customer representative =	*Beauftragter für Kunden*
Customer satisfaction =	*Kundenzufriedenheit*
Customer waiver =	*Sonderfreigaben des Kunden*
Customer-approved sources =	*Vom Kunden freigegebene Bezugsquellen*
Customer-owned production tooling =	*Kundeneigene Werkzeuge*

D

daily check =	tägliche Prüfung
damage =	Schaden, Schädigung
danger =	Gefahr (Personen)
data sheet =	Datenblatt, Spezifikation, Begleitschein, Merkblatt
data=	Daten, Informationen

Begriffe aus der ISO 9001:2008 und ISO/TS 16949:2009

decision =	Entscheidung, Bescheid, Beschluss
decision =	Entscheidung, Bescheid
decline =	Abnahme, Rückgang, Verringerung
defect =	Defekt, Fehler, Fehlstelle, Mangel, Störstelle
defective =	Defekt, Auschussteil, fehlerhaft, Mangelhaft
defects per unit =	Anzahl der Fehler je Einheit
deficiency =	Störung
define =	definieren, bestimmen, festlegen, begrenzen, abgrenzen
degree of inspection =	Prüfungsgrad
degrees of freedom =	Freiheitsgrade
deliver =	liefern, abliefern
delivery lot =	Lieferlos
delivery quality =	Lieferqualität
department =	Abteilung, Amt, Gebiet, Fachbereich, Dienstelle
dependability =	Zuverlässigkeit
dependent variable =	Zielgröße, abhängige Variable
design =	Design, Entwicklung, Konstruktion, Zeichnung, Planung
Design and development =	*Entwicklung*
Design and development inputs =	*Entwicklungseingaben*
Design and development outputs =	*Entwicklungsergebnisse*
Design and development planning =	*Entwicklungsplanung*
Design and development review =	*Entwicklungsbewertung*
Design and development validation =	*Entwicklungsvalidierung*
Design and development verification =	*Entwicklungsverifizierung*
design of experiments =	Versuchsplanung, statistische Verrsuchsplanung
design specification =	Pflichtenheft
desired value =	Sollwert
Determination of requirements related to the product =	*Ermittlung der Anforderungen in Bezug auf das Produkt*

Begriffe aus der ISO 9001:2008 und ISO/TS 16949:2009

development =	Entwicklung, Aufbau, Projektierung, Planung
deviation =	Streuung, Abweichung
deviation of measurement =	Messabweichung
diagram =	Diagramm, Darstellung
diameter =	Durchmesser
different =	anders, unterschiedlich, verschieden
Dimensional Layout =	Meßbericht
directives =	Richtlinien
disposal =	Absatz, Disposition, Abfallbeseitigung, Verkauf
distribution =	Verteilung
distribution curve =	Verteilungskurve
document =	Dokument, Beleg, Urkunde, Unterlagen, Schriftstück
Documentation requirements =	*Dokumentationsanforderungen*
documented =	dokumentiert, belegt
drawbacks =	Nachteile
drawing =	Zeichnung
duties =	Aufgaben (bereich), Pflichten

E

each =	jeder, jede, jedes
early failure =	Frühausfall
effectiveness =	Effektivität, Wirksamkeit, Leistungsfähigkeit, Wirkungsgrad
efficiency =	Arbeitsleistung, Wirksamkeit, Effizienz
eliminate =	beseitigen, beheben, entfernen, löschen, vermeiden
emergency plan =	Notfallplan
empirical distribution function =	empirische Verteilungsfunktion
Employee motivation and empowerment =	*Mitarbeitermotivation und Übertragung von Befugnissen*
Engineering specifications =	*Technische Vorgaben*
ensure =	sicherstellen, versichern, garantieren, gewährleisten
environmental condition =	Umgebungsbedingungen

Begriffe aus der ISO 9001:2008 und ISO/TS 16949:2009

environmental policy =	Umweltpolitik
equivalent =	Gleichbedeutend, gleichwertig
error =	Defekt, Fehler, Messabweichung, Störung, Versehen
error of (first, second, third) kind =	Fehlerart 1, 2, 3
Error proofing =	*Fehlervermeidung*
especially =	besonders, hauptsächlich, speziell
established =	eingeführt, bewiesen, festgestellt
estimation =	Schätzung
evaluate =	bewerten, beurteilen, werten, evaluieren
evidence of conformity =	Nachweis über die Konformität
examine =	kontrollieren, prüfen, überwachen, untersuchen
expected average life =	erwartete mittlere Lebensdauer
expected value =	Erwartungswert
expenditure =	Aufwand, Ausgaben
experience =	Erfahrung, Praxis
exponential distribution =	Exponentialverteilung
external failure costs =	externe Fehlerkosten
External laboratory =	*Externe Laboratorien*
external quality audit =	externes Qualitätsaudit
extrapolate =	extrapolieren

F

factor =	Faktor
factor of quality =	Qualitätsfaktor
factorial experiment =	faktorieller Versuch
failure =	Ausfall, Betriebsstörung, Defekt, Fehler
failure cause =	Ausfallursache
failure costs =	Fehlerkosten
failure criteria =	Ausfallkriterien
failure density =	Ausfallhäufigkeitsdichte
failure frequency =	Ausfallhäufigkeit
failure frequency distribution =	Ausfallhäufigkeitsverteilung
Failure Mode & Effect Analysis (FMEA) =	Fehler Möglichkeits-und Einfluss Analyse (FMEA)

Begriffe aus der ISO 9001:2008 und ISO/TS 16949:2009

51

failure quota =	Ausfallquote
fault =	Defekt, Fehler, Schuld
fault tree =	Fehlerbaum
feasibility =	Machbarkeit, Durchführbarkeit
feasibility study =	Herstellbarkeitsanalyse, Machbarkeitsanalyse
feedback =	Rückmeldung, Resonanz
Feedback on information from service =	**Rückmeldungen aus dem Kundendienst**
figure =	Kennzahl, Zahl, Bild, Zeichen, Ziffer
filled out =	ausgefüllt
final check/inspection =	Endprüfung
final rejection =	Verwerfen
final risk =	Restrisiko
fit =	angemessen, geeignet
focus =	Orientierung, Mittelpunkt, Blickpunkt
fractile =	Fraktil
fractile of a probability distribution =	Fraktil einer Verteilung
frequency bar chart =	Histogramm
frequency density =	Häufigkeitsdichte
function =	Funktion

G

Gage Repeatability & Reproducibility (Gage R&R) =	Prüfmittelfähigkeit R & R Methode Wiederhol- und Vergleichspräzision
gap analysis =	Schwachstellenanalyse
gauge/gage =	Messinstrument, Messuhr, Anzeigegerät
general =	Allgemein, generell, normal
General requirements =	**Allgemeine Anforderungen**
generic =	allgemein, gewöhnlich
goal =	Ziel, Zielsetzung, Zweck
goods =	Artikel, Güter, Ware(n)
goods inward =	Wareneingang
Graphic =	Grafik
guarantee =	Garantie, Gewährleistung
guidance =	Anleitung

Begriffe aus der ISO 9001:2008 und ISO/TS 16949:2009

guide =	Handbuch, Leitfaden
guideline =	Richtlinie

H

haphazard =	planlos, zufällig
hazard =	Gefahr (Sachen)
heat =	charge
high grade =	hohe Qualität, hochwertig
hold point =	Haltepunkt
homogenous =	homogen
human error, mistake =	Fehlhandlung (menschlich)
Human resources =	*Personelle Ressourcen*
hypothesis, hypotheses =	Hypothese, Hypothesen

I

identification =	Kennzeichnung, Identifizierung, Feststellung
Identification and traceability =	*Kennzeichnung und Rückverfolgbarkeit*
Identification of statistical =	*Festlegung statistischer Methoden*
identify training needs =	Schulungsbedarf ermitteln
immediate action =	Sofortmaßnahme
immediately =	sofort, sogleich, unverzüglich
implementing =	Inbetriebnahme, Umsetzung
improve =	verbessern
Improvement =	*Verbesserung*
Incoming product conformity to requirements =	*Konformität eingehender Produkte*
indepedence =	Unabhängigkeit
independent =	selbständig, unabhängig
Infrastructure =	*Infrastruktur*
initial sample report =	Erstmusterprüfbericht
initial samples =	Erstmuster
in-process inspection/check =	Zwischenprüfung, Fertigungsprüfung
input =	Eingabe, Eingang, Vorgaben
inside =	Innerhalb, Innenseite, drinnen
inspect =	prüfen

Begriffe aus der ISO 9001:2008 und ISO/TS 16949:2009

53

inspection =	Kontrolle, Prüfung, Sichtprüfung, Untersuchung, Abnahme
inspection by attributes =	Attributprüfung
inspection by variables =	Variablenprüfung
inspection diagram =	Prüfungsdiagramm
inspection equipment =	Prüfmittel
inspection instruction =	Prüfanweisung
inspection level =	Prüfniveau
inspection lot =	Prüflos
inspection plan =	Prüfplan
inspection records =	Prüfprotokolle
inspection specification =	Prüfspezifikation
inspection station =	Prüfplatz
inspection status =	Prüfstatus
inspector =	Kontolleur, Inspekteur, Prüfer, Qualitätsprüfer
installed =	installiert, eingebaut
instruction =	Anweisung, Arbeitsanweisung, Hinweis, Einweisung
insurance =	Versicherung, Zusicherung, Haftpflichtversicherung
integrated test facility =	integrierte Prüfeinrichtung
interaction =	Wechselbeziehung, Wechselwirkung
internal =	Betriebsintern, intern
Internal audit =	*Internes Audit*
Internal audit plans =	*Interne Auditpläne*
Internal auditor qualification =	*Qualifikation Interner Auditoren*
Internal communication =	*Interne Kommunikation*
internal failure costs =	interne Fehlerkosten
Internal laboratory =	*Interne Laboratorien*
international standard =	internationalle Norm/Normung/Standard
interrelation =	Wechselbeziehung, Zusammenhang, wechselseitige Beziehung
interval =	Intervall
introduce =	präsentieren, einleiten, einführen
inventory =	Lagerbestand, Bestand, Inventar, Inventur, Warenbestand

Begriffe aus der ISO 9001:2008 und ISO/TS 16949:2009

invoice =	Rechnung, Quittung, Warenrechnung
issue =	Thema, Problem
item =	Artikel, Begriff, Einheit

J

job descriptions =	Stellenbeschreibungen
just in time (JIT) =	bedarfsorientiert (Fertigung)

K

key accounts =	Großkunden
Key process inputs =	Kernprozesseingaben
Key process outputs =	Kernprozessausgaben
key processes =	Schlüsselprozesse, Kernprozesse
Knowledge of basic statistical concepts =	**Kenntnis statistischer Grundbegriffe**
kurtosis =	Kurtosis (Steilheit einer Verteilung), Wölbung

L

lab accreditation =	Labor Akkreditierung
laboratory =	Labor
Laboratory requirements =	**Anforderungen an Prüflaboratorien**
laboratory sample =	Laborprobe
lack =	Mangel, Knappheit, das Fehlen
lack of =	der Mangel an, das Fehlen von
launch =	Inbetriebnahme, Einführung, Start
Layered Audit =	mehrstufiges Audit
Layout inspection and functional testing =	**Requalifikationsprüfung**
Layout=	Anordnung, Aufbau, Entwurf, Skizze, Layout
lead auditor =	leitender Auditor
lessons learned =	gesammelte Erfahrungen
level =	Grad, Level, Niveau
life cycle, durability =	Lebensdauer
limit =	Grenzwert, Begrenzung, Abgrenzung, Grenze

Begriffe aus der ISO 9001:2008 und ISO/TS 16949:2009

limit of tolerance =	Toleranzgrenze
limiting value =	Grenzwert
limits of variation =	Streugrenzen
listed =	aufgelistet, verzeichnet
long term action =	langfristige Maßnahme
lot =	Los
lot size =	Losumfang
lot tolerance per cent defective (LTPD) =	zurückweisende Qualitätsgrenzlage
low =	gering, niedrig, schwach, Tiefstand, Tiefpunkt
low grade =	mindere Qualität, minderwertig
low limiting quantile =	Mindestquantil
lower control limit =	untere Entscheidungsgrenze
lower limiting fall below proportion =	Mindest Unterschreitungsanteil
lower uncertainty of measurement =	untere Messunsicherheit

M

machine capability Cmk =	Maschinenfähigkeit Cmk
maintenance =	Instandhaltung
maintenance time =	Wartungszeit
major defect =	Hauptfehler
major failure =	Hauptausfall
major nonconformity =	Hauptfehler
management =	Management, Geschäftsleitung, Verwaltung
Management commitment =	**Selbstverpflichtung der Leitung**
Management of production tooling =	**Management von Produktionswerkzeugen**
Management representative =	**Beauftragter der obersten Leitung**
Management responsibility =	**Verantwortung der Leitung**
Management review =	**Managementbewertung**
management with executive responsibility =	Oberste Leitung
manual =	Handbuch, Benutzerhandbuch, Betriebsanleitung, Leitfaden
manufactures =	Erzeugnisse
manufacturing method =	Fertigungsverfahren

Begriffe aus der ISO 9001:2008 und ISO/TS 16949:2009

Manufacturing process audit =	*Prozessaudit*
Manufacturing process design input =	*Eingaben für die Produktions-prozessentwicklung*
Manufacturing process design output =	*Ergebnisse der Produktionsprozessentwicklung*
Manufacturing process improvement =	*Verbesserung des Produktionsprozesses*
marketing =	Vertrieb, Absatz, Marketing, Vermarktung
matches =	Anpassung, Kompatibilität, Übereinstimmung
material =	Material, Werkstoff
maximum =	maximal, höchster, größt, Größtmaß, Limit, Maximum
maximum value =	größter Einzelwert
mean =	Durchschnitt, Mittelwert, arithmetisches Mittel
mean =	Mittelwert, Durchschnitt
mean life, average life =	mittlere Lebensdauer
Mean Time Between Failures =	mittlere Betriebsdauer zwischen Ausfällen (MTBF)
mean time to failure =	Funktionsdauer bis zum Ausfall
measurand =	Messgröße
measure =	Maß, Messgröße
measured value =	Messwert
measurement =	Messung, Messgerät
measurement =	Messung
measurement standard =	Maßnormal, Normal
Measurement System Analysis (MSA) =	Analyse von Messsystemen (MSA)
Measurement systems analysis =	*Beurteilung von Messsystemen*
Measurement, analysis and improvement =	*Messung, Analyse und Verbesserung*
measuring instrument =	Messgerät
measuring object =	Messobjekt
measuring point =	Messpunkt
measuring system =	Messeinrichtung
median =	Median

Begriffe aus der ISO 9001:2008 und ISO/TS 16949:2009

meeting =	Besprechung
method =	Maßnahme, Methode, Technik, Verfahren
mid value of class =	Klassenmitte
minimise =	minimieren, herabsetzen, verkleinern, verringern
minimum =	der Kleinstwert, Mindest…, mindestens, minimal, Mindestwert
minimum value =	kleinster Einzel-Istwert
minor defect =	Nebenfehler
minor faults =	geringfügige Fehler, Nebenfehler
minutes =	Maßnahmenprotokoll
minutes of meeting =	Besprechungsprotokoll
misconception =	Missverständnis
mistake =	Arbeitsfehler, Fehler, Irrtum, Versehen, Verwechslung
Monitoring =	*Überwachung*
Monitoring and measurement =	*Überwachung und Messung*
Monitoring and measurement of manufacturing processes =	*Überwachung und Messung von Produktionsprozessen*
Monitoring and measurement of processes =	*Überwachung und Messung von Prozessen*
Monitoring and measurement of product =	*Überwachung und Messung des Produktes*
moving average =	Mittelwert, gleitender
Multidisciplinary approach =	*Bereichsübergreifender Ansatz*
multiple sampling =	Mehrfachstichprobenprüfung
multistage sampling =	mehrstufige Probenahme

N

national standard =	Nationale Normen/Normung
nominal value =	Sollwert, Nennwert
non conformance =	Nichtübereinstimmung, Fehler
non-applicable =	nicht anwendbar
nonconforming entity =	fehlerhafte Einheit
nonconformity cost =	Fehlerkosten
nonconformity product =	Fehlprodukt

Begriffe aus der ISO 9001:2008 und ISO/TS 16949:2009

normal distribution =	Normalverteilung
normal inspection =	normale Prüfung
normative reference =	normativer Verweis
null hypothesis =	Nullhypothese
number =	die Anzahl, die Nummer, die Zahl

O

objective evidence =	Nachweis
objectives =	Ziele, Zielsetzungen
Obligations for documentation =	Dokumentationspflichten
operating characteristic curve =	Operationscharakteristik, Annahmekennlinie
operating procedure (OP) =	Prozessbeschreibung
operation accuracy =	Arbeitsgenauigkeit
optimization =	Optimierung
order =	Auftrag, Bestellung, Befehl, Anweisung
organisation/organization =	Organisation, Aufbau, Unternehmen
organization chart =	Organigramm, Organisationsschema
Organization manufacturing feasibility =	*Bewertung der Herstellbarkeit*
origin =	Ursprung, Nullpunkt
outlier =	Ausreißer
Outliertest =	Ausreißer Test
out-of-date =	veraltet, überholt
output =	Arbeitsleistung, Ausgang, (Daten) Ausgabe, Ergebnis
overall =	allgemein, gesamt, insgesamt

P

package =	Verpackung, Paket, Frachtstück, Versandstück, Gebinde
paper-based manual =	Handbuch in Papierform
parameter =	Parameter
Pareto analysis =	Pareto-Analyse
part =	das Stück, teils, der Anteil, das Bauteil, das Einzelteil

Begriffe aus der ISO 9001:2008 und ISO/TS 16949:2009

Part Submission Warrant (PSW) =	Erstmustervorlageschein, Teilevorlagebestätigung
partial failure =	Teilausfall
participants =	Teilnehmer
participate =	teilnehmen, mitwirken
percentile =	Perzentile
perform =	arbeiten, ausführen, durchführen, auftreten
performance =	Leistung, Kapazität, Leistungsfähigkeit
periodically =	Periodisch
Personnel safety to achieve conformity to product requirements =	*Arbeitssicherheit zur Erreichung der Produktkonformität*
plan =	Plan, Entwurf, Konzept, Modell
Planning =	*Planung*
Planning of product realization =	*Planung der Produktrealisierung*
plant =	Betrieb, Fabrik, Werk, Niederlassung, Ausrüstung, Anlage
Plant, facility and equipment planning =	*Werks-, Anlagen- und Einrichtungsplanung*
poisson distribution =	Poissonverteilung
poisson spread =	Poisonstreubreite
policy =	Richtlinie, Strategie, Politik, Grundsatz, Verfahrensweise
possible =	möglich, denkbar, eventuell
practice =	Praxis, Einarbeitung, Methode
pre-assessment =	Vorbegutachtung
precision =	Präzision
preclude =	vorbeugen, ausschließen
preliminary process capability Ppk =	Vorläufige Prozessfähigkeit Ppk
preparation phase =	Vorbereitungsphase
Preservation of product =	*Produkterhaltung*
preset =	eingestellt, voreingestellt, vorgegeben, vorgewählt
preventing faults =	Fehlervermeidung
prevention =	Vermeidung, Vorbeugung, Schutz
prevention costs =	Fehlerverhütungskosten
Preventive action =	*Vorbeugungsmaßnahmen*

Begriffe aus der ISO 9001:2008 und ISO/TS 16949:2009

Preventive and predictive maintenance =	*Vorbeugende und vorrausschauende Instandhaltung*
preventive inspection =	vorbeugende Prüfung
primary failure =	Primärausfall
proactive =	Eigeninitiative zeigen
probability =	Wahrscheinlichkeit
probability density function =	Wahrscheinlichkeitsdichte
probability distribution =	Wahrscheinlichkeitsverteilung
probability for a discrete random variable =	Wahrscheinlichkeitsfunktion
probability limit =	Wahrscheinlichkeitsgrenze
probability of acceptance =	Annahmewahrscheinlichkeit
probability of rejection/probability of non acceptance =	Rückweisewahrscheinlichkeit
probability plot =	Wahrscheinlichkeitsnetz
probable duration of life =	wahrscheinliche Lebensdauer
Problem solving =	*Problemlösungsmethoden*
procedure =	Verfahrensanweisung
process =	Prozess, Ablauf, Verfahren
process analysis =	Prozessanalyse
process approach =	Prozessorientierter Ansatz
process capability Cpk =	Prozessfähigkeit Cpk
process chart =	Prozessdiagramm, Flussdiagramm
process control =	Prozesskontrolle, Prozesslenkung
Process Control Plan =	Prozess Kontrollplan
Process efficiency =	*Effizienz von Prozessen*
process element =	Prozesselement
Process FMEA =	Prozess FMEA
process in control =	beherrschter Prozess
process inspection =	Prozessprüfung, Fertigungsüberwachung
process out of control =	nichtbeherrschter Prozess
process owner =	Prozesseigentümer
process range =	Fertigungsspannweite
process tolerance =	Prozesstoleranz, Fertigungstoleranz
process under control =	beherrschter Prozess
product =	Artikel, Erzeugnis, Produkt

Begriffe aus der ISO 9001:2008 und ISO/TS 16949:2009

Product approval process =	**Produktionsprozess- und Produktfreigabe**
Product audit =	**Produktaudit**
product category =	Produktkategorie
Product design input =	**Eingaben für Produktentwicklung**
Product design skills =	**Fähigkeiten der Produktentwicklung**
Product liability =	Produkthaftung, Produkthaftpflicht
product quality =	Produktqualität
Product realization =	**Produktrealisierung**
product specification =	Produktspezifikation, Produkteigenschaft
production accuracy =	Fertigungsgenauigkeit
Production and service provision =	**Produktion und Dienstleistungserbringung**
production in control =	beherrschte Fertigung
production lot =	Fertigungslos
Production scheduling =	**Produktionsplanung**
production time =	Fertigungszeit
productivity =	Arbeitsergebnis, Produktivität
product-related quality record =	produktionsbezogene Qualitätsaufzeichnung
professional =	beruflich, Berufs…, Experte, Profi, qualifiziert
promise =	Versprechen, Zusage, Zusicherung
proof of =	Nachweis, Beweis
proper =	angemessen, geeignet, korrekt, passend
properties =	Eigenschaften
Prototype programme =	**Prototypenprogramm**
prove =	nachweisen, beweisen, prüfen, untersuchen
provision =	Beschaffung, Festlegung, Verordnung, Vorschrift
Provision of resources =	**Bereitstellung von Ressourcen**
publication =	Bekanntgabe, Veröffentlichung, Herausgabe

Begriffe aus der ISO 9001:2008 und ISO/TS 16949:2009

purchaser supplied product =	bereitgestelltes Produkt vom Auftraggeber
Purchasing =	**Beschaffung**
Purchasing information =	**Beschaffungsangaben**
Purchasing process =	**Beschaffungsprozess**
purpose =	Absicht, Ziel, Zweck, Zielsetzung
purpose and scope =	Zweck und Geltungsbereich

Q

qualification =	Qualifikation
qualified =	qualifiziert
qualitative characteristic =	qualitatives Merkmal
Quality =	Qualität
Quality alert =	Qualitätshinweis, Qualitätspunkt
Quality assurance =	Qualitätssicherung, Qualitätskontrolle
Quality assurance agreement (QAA) =	Qualitätssicherungsvereinbarung (QSV)
quality assurance document =	QM-Nachweisdokument
quality assurance surveillance =	Überwachung der Lieferanten Qualitätssicherung
quality audit =	Qualitätsaudit
quality auditor =	Qualitätsauditor
quality capability =	Qualitätsfähigkeit
quality characteristic =	Qualitätsmerkmal
quality circle =	Qualitätszirkel
quality control chart =	Qualitätsregelkarte
quality control standards =	Qualitätsprüfungsstandards
quality department =	Qualitätswesen, Qualitätsabteilung
quality document =	Qualitätsdokument
quality engineering =	Qualitätstechnik
quality engineering =	Qualitätstechnik
Quality Function Deployment (QFD) =	Qualitätsfunktionsentwicklung (QFD)
quality improvement team =	Qualitätsverbesserungsteam
quality inspection =	Qualitätsprüfung
quality intensification =	Qualitätssteigerung
quality key figures/quality score/quality indices =	Qualitätskennzahlen
quality loss =	qualitätsbezogener Verlust

Begriffe aus der ISO 9001:2008 und ISO/TS 16949:2009

quality management arrangement =	QM-Vereinbarung
quality management data =	QM-Daten
quality management document =	QM-Dokument
quality management operation element =	QM-Ablaufelement
quality management plan =	QM-Plan
quality management structure element =	QM-Aufbauelement
Quality management system =	*Qualitätsmanagementsystem*
Quality management system audit =	*QM-Systemaudit*
Quality management system performance =	*Leistung des Qualitätsmanagementsystems*
Quality management system planning =	*Planung des Qualitätsmanagementsystems*
Quality manual =	*Qualitätsmanagementhandbuch*
Quality objectives =	*Qualitätsziele*
quality of manufacture =	Fertigungsqualität
quality planning =	Qualitätsplanung
Quality Policy =	*Qualitätspolitik*
quality promotion =	Qualitätsförderung
quality records =	Qualitätsberichte, Qualitätsaufzeichnungen
quality structure =	Qualitätsstruktur
quality surveillance =	Qualitätsüberwachung
quality system =	Qualitätssystem
quality system element =	Qualitätssystemelement
quantile =	Quantil
quantile/fractile of a propability distribution =	Quantil/Fraktil einer Verteilung
quantitative characteristic =	quantitatives Merkmal
questionnaire =	Formular, Fragebogen, Blitzumfrage

R

random =	zufällig
random dispersion interval =	Zufallstreubereich
random dispersion interval =	Zufallsstreubereich
random error of measurement =	zufällige Messabweichung
random failure =	Zufallsausfall

Begriffe aus der ISO 9001:2008 und ISO/TS 16949:2009

random process =	Zufallsprozess
random sample =	Zufallsprobe, Zufallsstichprobe
random sampling =	Zufallsprobenahme
random variable =	Zufallsvariable
randomisation =	zufällige Zuordnung
range =	Spannweite
range chart/card =	Spannweitenkarte
ranking =	Rangfolge
rating =	Einstufung
reactive =	rückwirkend
recall =	Rückruf, Rückholaktion
receiving inspection =	Wareneingangsprüfung
record =	Aufzeichnung, Bericht, Unterlage , Protokoll
Records retention =	***Aufbewahrung von Aufzeichnungen***
rectification =	Behebung, Verbesserung
rectified =	korrigiert, verbessert, berichtigt
recurrent inspection =	wiederkehrende Prüfung
reduce =	reduzieren, verringern, verkleinern, herabsetzen
reduced inspection =	reduzierte Prüfung
reduction =	Abbau, Reduzierung, Abnahme
redundancy =	Redundanz
re-examine =	nachprüfen, nochmals prüfen
refer =	berichten, nennen
reference document =	Referenzdokument
reference procedure =	Referenzverfahren
reference standard =	Bezugsnormal
references =	Empfehlungen, Hinweise, Quellenangabe
refinement =	Verbesserung, Vervollkommnung
registration =	Registrierung, Anmeldung, Eintragung
regulation =	Vorschrift
regulatory =	Behördlich, Regulierungsbehörde
rejectable quality level =	zurückweisendes Qualitätsniveau
rejected =	abgelehnt, aussortiert, abgewiesen, zurückgewiesen

Begriffe aus der ISO 9001:2008 und ISO/TS 16949:2009

Rejected product Test/Analysis =	*Befundung reklamierter Produkte*
rejection =	Rückweisung
rejects =	Ausschuss
relative frequency =	Häufigkeit, relative Häufigkeit
release =	Freigabe, Abgabe, Ausgabe, Veröffentlichen
reliability =	Zuverlässigkeit, Sicherheit
repeatability =	Wiederholbarkeit
repeatability =	Wiederholgenauigkeit
repeated inspection =	Wiederholungsprüfung
replace =	ersetzen, erneuern, austauschen
replication =	Wiederholung
report =	Berichterstattung, Dokument, Gutachten
representative sample =	Repräsentativprobe
reproducibility =	Vergleichbarkeit
reproducible =	Reproduzierbar
require =	anfordern, beanspruchen
requirements =	Anforderungen, Vorgabe, Ansprüche
requirements for accreditation =	Akkreditierungsforderungen
requirements for certification =	Zertifizierungsforderungen
requirements for quality =	Qualitätsforderungen
resolution =	Auflösung
Resource management =	*Management von Ressourcen*
responsibility =	Verantwortung, Haftung, Pflicht, Zuständigkeit
Responsibility and authority =	*Verantwortung und Befugnis*
Responsibility for quality =	*Verantwortung für Qualität*
Responsibility, authority and communication =	*Verantwortung, Befugnis und Kommunikation*
restorable change =	rückführbare Änderung
restrict =	begrenzen, beschneiden, einengen
resubmission =	Nachbemusterung
result =	Ergebnis, Befund, Folge, Messwert, Resultat
result of measurement =	Messergebnis
revalidation =	Neubewertung

Begriffe aus der ISO 9001:2008 und ISO/TS 16949:2009

review =	Bewertung, Nachprüfung, Revision, Überprüfung
Review input =	*Eingaben für die Bewertung*
Review of requirements related to the product =	*Bewertung der Anforderungen in Bezug auf das Produkt*
Review output =	*Ergebnisse der Bewertung*
revise =	ändern, korrigieren, überarbeiten
revision =	Änderung, Berichtigung, Korrektur, Revision
rework =	Nacharbeit, umarbeiten
risk =	Risiko
Risk Priority Number (RPN) =	Risikoprioritätszahl (RPN)
root cause =	Hauptursache, Fehlerursachenanalyse
root sum square =	quadratischer Mittelwert
runs =	Ereignisfolgen
run@rate =	Kapazitätsmessung

S

safety =	Sicherheit
safety manager =	Sicherheitsbeauftragter
sample division =	Probenteilung
sample fraction defective =	Anteil fehlerhafter Einheiten in einer Stichprobe
sample preparation =	Probenaufbereitung
sample procedure =	Probenahmeablauf
sample size =	Stichprobenumfang
sample statistics =	Stichprobenkenngröße
sample unit =	Stichprobeneinheit
sample variability =	Stichprobenvarianz
samples =	Muster, Proben, Stichproben, Kostproben
sampling =	Stichprobenprüfung
sampling distribution =	Stichprobenkenngrößenverteilung
sampling error =	Stichprobenfehler
sampling interval =	Stichprobenintervall
sampling plan =	Stichprobenprüfplan
sampling system =	Stichprobensystem

Begriffe aus der ISO 9001:2008 und ISO/TS 16949:2009

satisfy =	erfüllen, entsprechen, zufriedenstellen
savings =	Einsparungen, Rücklagen
scatter diagram =	Punktediagramm, Streudiagramm
scheme =	Entwurf, Modell, Programm, Tabelle
scope =	Geltungsbereich, Bereich, Gültigkeitsbereich, Umfang
scrap =	Ausschuß, Verschrottung, Schrott, Abfall, Rest
screening =	Sortieren, Selektion
screening inspection/check =	Sortierprüfung
scrutinising =	prüfend, genaue Prüfung
secondary failure =	Folgeausfall
section =	Absatz, Abschnitt, Abteilung, Auschnitt, Paragraph
self assessment =	Selbstbewertung, Selbsteinstufung
sensitivity =	Empfindlichkeit
separate =	gesondert, getrennt, separat
service =	Kundendienst, Leistung, Bedienung, Beschäftigung
Service agreement with customer =	***Kundendienstvereinbarung mit dem Kunden***
short term =	kurzfristig, vorläufig, befristet
sign =	Zeichen
significance =	Signifikanz, Wichtigkeit
significance level =	Signifikanzniveau
significance test =	Signifikanztest
similar =	ähnlich, gleich
similarity =	Ähnlichkeit
single =	Einzeln
single sample =	Einfachstichprobe
single sampling inspection =	Einfachstichprobenprüfung
single sampling plan/sampling instruction =	Stichprobenanweisung
size =	Größe, Maß, Maßangabe, Zeichnungsmaß, Format
sketch =	Zeichnung, Skizze, Entwurfszeichnung
skew distribution =	schiefe Verteilung

Begriffe aus der ISO 9001:2008 und ISO/TS 16949:2009

skewness =	Schiefe
skip-lot sampling inspection =	Skip-lot Stichprobenprüfung
skip-lot sampling plan =	Skip-lot Stichprobenplan/ Stichprobenanweisung (Beispiel: alle dritte Lose werden überprüft)
solve =	auflösen, lösen, berechnen, beheben
Special Characteristics =	**Besondere Merkmale**
special process =	spezieller Prozess
specification =	Spezifikation
specified characteristic value =	vorgegebener Merkmalswert
specify =	spezifizieren, beschreiben, festlegen
spot check variability =	Stichprobenvarianz
square =	quadratisch
square root =	Quadratwurzel
Stable Process =	Stabiler Prozess
staff =	Belegschaft, Mitarbeiter, Personal
stakeholder =	Interessenpartner
standard =	Norm
standard deviation =	Standardabweichung
standard error =	Standardfehler
standard value =	Richtwert
standardisation =	Normung, Standardisierung, Vereinheitlichung
statistic =	Kenngröße, Statistik
statistical coverage limit =	Anteilsgrenze
statistical process control =	Statistische Prozess Kontrolle
statistical quality control =	statistische Qualitätslenkung
statistical quality inspection =	statistische Qualitätsprüfung
statistical techniques =	Statistische Methoden/Verfahren/ Techniken
statistical test =	statistischer Test
statistical tolerance limits =	Wahrscheinlichkeitsgrenzen für einen Verteilungsanteil
statistical tolerancing =	Bestimmung von Wahrscheinlichkeitsgrenzen
statutory =	gesetzlich

Begriffe aus der ISO 9001:2008 und ISO/TS 16949:2009

Statutory and regulatory conformity =	***Erfüllung gesetzlicher und behördlicher Vorschriften***
stochastic process =	stochastischer prozess
stock =	Bestand, Lager, Material, Inventar
stockist =	Fachhändler, Lagerhalter
storage =	Lager, Lagerung
Storage and inventory =	***Lagerung und Lagerbestand***
strategy =	Planung, Strategie
strengths =	Stärken, Kräfte
stress =	Beanspruchung
structure =	Struktur, Aufbau, Gefüge, Gliederung, Konstruktion
sub-group =	Untergruppe
subject =	Betreff, Thema, Fach, Fachgebiet, Gegenstand
Submission Level =	Vorlagestufe
sub-population =	Teilgesamtheit
sub-purchaser =	Unterauftraggeber
subsequent costs of nonconformities =	Fehlerfolgekosten
substances =	Inhaltstoffe
sub-supplier/sub-contractor =	Unterlieferant
sub-unit =	Untereinheit
sudden failure =	Sprungausfall
sudden total failure =	sprunghaft auftretender Vollausfall
suitable =	angemessen, geeignet, passend
summary =	Zusammenfassung, Übersicht, Schlußwort, Kurzfassung
supervisor =	Supervisor, Kontrolleur, Aufseher, Dienstvorgesetzte(r)
supplier =	Lieferant
supplier audits =	Lieferantenaudits (second audit)
Supplier monitoring =	***Lieferantenüberwachung***
Supplier quality management system development =	***Entwicklung des Qualitätsmanagement-systems von Lieferanten***
supplier's declaration =	Lieferantenerklärung
surveillance =	Kontrolle, Überwachung, Aufsicht

Begriffe aus der ISO 9001:2008 und ISO/TS 16949:2009

survey =	Befragung, Erfassung
system =	System, Methode, Anlage, Verfahren
systematic deviation =	systematische Streuung, Abweichung von Stichproben
systematic error of measurement =	systematische Messabweichung
systematic sample =	systematische Probe(nahme)
systematic variation =	systematische Streuung, Abweichung von Stichproben
to specify =	spezifizieren, festlegen
to supervise =	kontrollieren, überwachen

T

table =	Tabelle, tabellarische Aufstellung, Verzeichnis
table of contents =	das Inhaltsverzeichnis
tailor-made =	maßgeschneidert
target =	Ziel, Endwert
target-performance comparison =	Soll-Istvergleich
task =	Aufgabe, Anwendung, Arbeit, Auftrag
technical data =	Technisches Datenblatt
technical function =	technische Funktion
technical process =	Technologischer Prozess
technical rules =	Regeln der Technik
technically =	technisch
technique =	Technik (als Verfahren)
technological method =	technologisches Verfahren
technological process =	technologischer Prozess
temporary failure frequency =	temporäre Ausfallhäufigkeit
terms =	Bedingungen, Begriffe, Bezeichnungen, Frist, Konditionen
terms of reference =	Richtlinien
test =	Erprobung, Untersuchung, Versuch, Kontrolle, Prüfung
test data =	Prüfdaten
test procedures =	Prüfverfahren
test sample =	Prüfprobe

Begriffe aus der ISO 9001:2008 und ISO/TS 16949:2009

test unit =	Prüfeinheit
testing =	Prüfen
testing method =	Prüfmethode
threshold limit value =	Grenzschwellenwert
threshold value =	Schwellenwert
tightened inspection =	verschärfte Prüfung
time in use, processing time =	Nutzungszeit
tolerance =	Toleranz
tolerance limit =	Toleranzgrenze
tolerance limits distance =	Grenzwertabstand
tolerance range/zone =	Toleranzbereich
tooling =	Fertigungsmittel, Einrüstung, Werkzeugbereitstellung
top management =	Leitung der Organisation
Total 100% inspection =	Vollprüfung, 100% Prüfung
total inspection =	vollständige Qualitätsprüfung
total mean downtime =	totale mittlere Ausfallzeit
total process improvement (TPI) =	umfassende Prozessverbesserung
total productive maintenance (TPM) =	umfassendes Instandhaltungssystem
total quality control (TQC) =	umfassende Qualitätskontrolle
total quality management (TQM) =	umfassendes Qualitätsmanagement
traceability =	Rückverfolgbarkeit
trained =	geschult, ausgebildet
Training =	*Schulung*
training document =	Schulungsunterlage, Untrerweisungsunterlage
Training on the job =	*Ausbildung am Arbeitsplatz*
transformed variate =	transformierte Zufallsgröße
trend =	Trend
true class limits =	echte Klassengrenzen
true value =	wahrer Wert
trueness =	Richtigkeit
twice =	doppelt, zweifach, zweimal
Type of error =	Fehlerart
typical life cycle phases of a product =	typischer Produktlebenslauf

Begriffe aus der ISO 9001:2008 und ISO/TS 16949:2009

U

to utilize =	auswerten, benutzen, anwenden, verwerten
uncertainty of measurement =	Messunsicherheit
uncheckable =	unüberprüfbar, unkontrollierbar
uncorrected =	unkorrigiert, unberichtigt
unit =	Einheit, Betrachtungseinheit
unit of product =	Fertigungseinheit
universe =	Grundgesamtheit, Gesamtheit
unplanned =	ungeplannt
up-do date =	aktuell, modern
upgrade =	modernisierung, Verbesserung
upper control limit =	obere Entscheidungsgrenze
upper limiting deviation =	obere Grenzabweichung
upper limiting fall below-proportion =	Höchst-Unterschreitungsanteil
upper limiting quantile =	Höchstquantil
upper limiting value =	Höchstwert
upper uncertainty of measurement =	obere Messunsicherheit
urgent fault =	kritischer Fehler
user =	Anwender, Bediener, Benutzer, User

V

to verify =	verifizieren, nachprüfen, überprüfen
validation =	Bewertung, Validierung, Bestätigung
Validation of processes for production and service provision =	**Validierung der Prozesse zur Produktion und zur Dienstleistungserbringung**
validity =	Gültigkeit, Validität
value =	Wert, Festwert, Größe, Messwert
value analysis =	Wertanalyse (WA)
variability =	Variabilität
variable =	Variable
variance =	Varianz
variate =	Zufallsgröße, Zufallsvariable
variation/deviation =	Streuung, Abweichung
vendor =	Lieferant

Begriffe aus der ISO 9001:2008 und ISO/TS 16949:2009

vendor appraisal =	Lieferantenbeurteilung (vor der Lieferung)
vendor inspection =	Lieferantenbeurteilung
vendor inspection =	Prüfung durch Lieferanten
vendor rating =	Lieferantenbeurteilung (nach der Lieferung)
verifiable =	nachprüfbar, nachweisbar
verification =	Nachweis, Bestätigung, Überprüfung, Verifizierung
Verification of job set-ups =	*Verifizierung von Einrichtvorgängen*
Verification of purchased product =	*Verifizierung von beschafften Produkten*
version =	Version, Variante, Typ, Bauart
vertex =	Scheitelwert, Maximalwert

W

waiver =	Sonderfreigabe
warning limit =	Warngrenze
warranty, guarantee =	Garantie, Gewährleistung
waste =	Abfall
weak point analysis =	Schwachstellenanalyse
weakness =	Schwäche, Schwachstelle
wear-out failure =	Verschleißausfall
weighting =	Gewichtung, Wichtung
weighting factor =	Gewichtungsfaktor
weighting nonconformities =	Fehlergewichtung
whole =	gesamt, Gesamtheit, vollständig
withdrawn =	zurückgezogen, abgehoben
work =	Arbeit, Anstrengung, Aufwand
Work environment =	*Arbeitsumgebung*
work flow chart/diagram =	Flussdiagramm
Work instructions =	*Arbeitsanweisungen*
workflow =	Ablauf, Ablaufplan, Arbeitsdurchlauf
workforce =	Belegschaft, Personal, Arbeitskräfte
working-up results=	Auswertung
workplace =	Arbeitsplatz, Arbeitsstelle

Begriffe aus der ISO 9001:2008 und ISO/TS 16949:2009

Z

zero defects program =   Nullfehlerprogramm

Abkürzungen

Abkürzung	Englisch	Deutsch
CIS	Continues Improvement Suggestion	kontinuierliches Vorschlagswesen
QRQC	Quick Response Quality Control	Problemlösungsprozess-/Werkzeug
MSA	Measurement Systems Analysis	Messsystemanalyse, Messmittel Fähigkeitsanalyse
FMEA	Failure modes and effects analysis	Fehler-Möglichkeits- und Einflussanalyse
SWOT	strengths, weaknesses, oppurtunities and threads	Stärken, Schwächen, Chancen, Bedrohungen
GD&T	Geometric Dimensioning and tolerancing	Form- und Lagetoleranz
SQE	Supplier Quality Engineering	Qualitätsingenieur für Lieferantenentwicklung
R&R	repeatability and reproducibility	Wiederholbarkeit und Reproduzierbarkeit
DRBFM	Design Review Based on Failure Mode	Versagenserfassungsgestützte Konstruktionsänderung
KCDS	Key Characteristic Designation System	System zur Festlegung von Schlüsselmerkmalen (besondere Merkmale)
PPAP	Production Part Approval Process	Produktionsteil-Abnahmeverfahren
APQP	Advanced Product Quality Planning	Produkt-Qualitäts-Vorausplanung
DOE	Design of Experiments	statistische Versuchsplanung
DVP&R	Design Verification Plan and Report	Entwicklungs- und Verifizierungsplan
QFD	Quality Function Deployment	Kundenorientiert Produkte entwickeln
AIAG	Automotive Industry Action Group	Branchenverband der Automobilindustrie
CFT	Cross Functional Team	bereichsübergreifendes Team

Begriffe aus der ISO 9001:2008 und ISO/TS 16949:2009

GR&R	Gage Repeatability and Reproducibility	Messystem-Wiederholbarkeit und Vergleichspräzision/ Nachvollziehbarkeit
PQP	Product Quality Planning	Produktqualitätsplanung
QSR	Quality System Requirements	Qualitätssystemanforderungen
PSW	Part Submission Warrant	Teilevorlagebestätigung, Erstmusterabnahme
SRPC	Supplier Request for Product Change	Lieferantenanfrage zur Produktänderung
AAR	Appearance Approval Report	Bericht zur Freigabe des Aussehens
KCC	Key Control Characteristics	Wesentliche Überwachungsmerkmale
KPC	Key Product Characteristic	Hauptmerkmale
CC	Critical Characteristic	kritische Merkmale
PDC	Product Quality Characteristsic	Qualitätsmerkmale
DPMO	Defects per Million Opportunities	Defekte pro einer Million Möglichkeiten
CTQ	Critical to Quality	Qualitätskritische (Merkmale)
CAR	Corrective Action Request	Korrekturmaßnahmen (Einleitung/ Aufforderung)
CSR	Customer Specific Requirements	Kundenspezifische Forderungen
BOM	Bill of materials	Stücklisten
EDI	Electronic Data Interchange	Elektronischer Datenaustausch
PPM	Parts per Million	Teile pro Million
OEM	Original Equipment Manufacturer	Originalausrüstungshersteller
CCAR	Concern and Corrective Action Report	Problemlösungsplan
KPI	Key Performance indicator	Leistungskennzahl
PPE	Personal protective equipment	persönliche Schutzausrüstung
RPN	Risk Priority Number	Risikoprioritätszahl
ODS	Operation Description Sheet	Arbeitsanweisungen

Begriffe aus der ISO 9001:2008 und ISO/TS 16949:2009

MRP	Manufacturing Ressource Planning	Produktionsplanung
OEE	Overall Equipment Effectiveness	Gesamtanlageneffektivität (GAE)
YOY	Year on Year	gegenüber dem Vorjahr
ERP	Enterprise Resource Planning	Planung [des Einsatzes/ der Verwendung] der Unternehmensressourcen

Begriffe aus der ISO 9001:2008 und ISO/TS 16949:2009